LIBRO DE CONEXIÓN DIARIA

Conectarse con

DIOS

© 2003, 2014 Kabbalah Centre International, Inc. Todos los derechos reservados.

Ninguna parte de esta publicación puede ser reproducida o transmitida en forma alguna, o por ningún medio, electrónico o mecánico, incluyendo fotocopiado, grabado o mediante ningún sistema de recuperación de datos electrónico o mecánico, sin el permiso por escrito de la editorial, excepto en el caso de un crítico que desee citar breves pasajes relacionados con un comentario para la inclusión en una revista, periódico o emisión.

Kabbalah Centre Publishing es una unidad de negocio registrada de Kabbalah Centre International, Inc.

Para más información:

The Kabbalah Centre
155 E. 48th St., New York, NY 10017
1062 S. Robertson Blvd., Los Angeles, CA 90035

Número gratuito en Estados Unidos: 1 800 KABBALAH
Otros números de contacto en: es.kabbalah.com/ubicaciones
es.kabbalah.com

Impreso en Colombia, abril 2022

ISBN: 978-1-57189-813-5

Diseño: HL Design (Hyun Min Lee) www.hldesignco.com

Para más información sobre cómo contactar a los diferentes Centros y grupos de estudio de Kabbalah de habla hispana te invitamos a ver la página 138.

TABLA DE CONTENIDO

Introducción por el Kabbalista Rav Berg / 5
Las letras hebreas-arameas y su guía de pronunciación / 8
Meditación para conectarse con Dios / 12
Bendiciones de la mañana:
      Meditación para la memoria espiritual / 14
      Modé Aní / 14
      Al Netilat Yadáyim – El lavado de manos / 15
      Asher Yatsar / 15
      Elohai Neshamá / 17
      Las dieciocho bendiciones / 19
La carta del Rambán / 33
Petijat Eliyahu – La apertura del Profeta Elías / 40
Meditación para la mikve / 52
El Aná Bejóaj / 55
      Las letras del mes / 59
      Tikún Hanéfesh / 60
      Los ángeles del día / 62
La lectura del Shmá en la mañana / 67
Meditación para el sustento / 78
Meditación para dar tsedaká (caridad) / 81
Meditación para dar maaser (diezmo) / 82
Meditación para sanación / 85

Bendiciones para el encendido de velas / 86
La lectura del Shmá antes de acostarse / 89
Bendiciones para la comida / 106
Últimas bendiciones:
- Bircat Hamazón / 109
- Meén Shalosh / 131
- Boré Nefashot / 135

Meditación para viajar / 136
Los 72 Nombres de Dios / 137
Información de contacto / 138

De todas las actividades humanas, no hay ninguna tan innata a la humanidad como la oración. Es una de las pocas actividades de la raza humana que no tiene un equivalente en el mundo animal. Sólo la raza humana está destinada a gobernar sobre el universo entero y todo lo que éste contiene.

La concepción kabbalística de la oración dice que el acto de rezar nos brinda la oportunidad de participar en la dinámica cuántica del cosmos. Puesto que el sistema kabbalístico pone a la humanidad en el centro del universo, nuestras acciones e inacciones lo afectan todo. Por lo tanto, nuestra participación a través de la oración es la única manera de lograr que nuestro fragmentado universo retorne a su estado de unidad original.

La oración es todo menos una herramienta robótica para aliviar los corazones de los afligidos y la conciencia de los malhechores. Nuestra propia vida y entorno dependen de este instrumento tan poderoso porque nos permite tomar el control sobre nuestro destino. El entorno hostil, el cosmos amenazador, los enemigos naturales de nuestro cuerpo físico, el proceso degenerativo del envejecimiento; todo esto representa las pruebas y tribulaciones que cada uno de nosotros enfrenta a diario.

La vida, tal como la experimentamos, es una película de caos y sufrimiento desde el primer momento en que respiramos y damos vida a nuestro cuerpo físico. Para muchos, la lucha puede empezar desde el vientre materno. Pero sin importar en qué momento se inicie la vida, el resultado final sigue sonando como un disco rayado: caos, desgracia, y más de lo mismo mañana. De alguna manera, a pesar de nuestra reverencia y fe en la oración, nada cambia realmente.

Por tanto, no debe sorprendernos que la mayoría de los habitantes de la Tierra hayan dejado de incluir el rezo como parte integral de su rutina diaria. El ritual de la oración, honrado durante tanto tiempo, no ha conservado su encanto mágico en la mayoría de las religiones. Y sin embargo, la oración con *cavaná* (la palabra *cavaná* tiene sus raíces en la palabra *quivún*, que significa "dirección", e indica que la mente debe tomar una dirección cuando se recitan oraciones), tal como se practica en nuestros Centros de Kabbalah en todo el mundo, ha acercado a miles de personas a su práctica, a pesar de la incapacidad de muchos para entender el significado de las palabras que se utilizan o incluso para leer dichas palabras. Para la mayoría de los creyentes, tan solo escanear las palabras con sus ojos ha sido suficiente para experimentar los efectos de la oración.

El *Zóhar* explica que la recitación de las palabras en sí mismas no se considera suficiente para cumplir ni lograr el objetivo de la oración, tal como se afirma claramente en el siguiente fragmento del *Zóhar Bemidbar*: "La oración está compuesta tanto de acción como de palabras, y cuando la acción es defectuosa, las palabras no encuentran un lugar sobre el cual apoyantarse: tal oración no es una oración, y el hombre que la ofrece es deficiente tanto en el Mundo Superior como en el Inferior".

Cavaná es la meditación dirigida, o concentración, que acompaña a las palabras de una oración. Se ha dicho que "la oración debe ofrecerse con la *cavaná* adecuada sobre las palabras pronunciadas en la presencia del Señor". Según el *Zóhar*, la *cavaná* es un elemento significativo e integral para el crecimiento espiritual. Rav Bejái Iben Pakuda comenta que la oración sin concentración, o *cavanot* [*cavanot* es el plural de *cavaná*; ambas palabras pueden utilizarse indistintamente], es como un cuerpo sin alma o una cáscara sin el fruto. En esencia, el kabbalista considera las palabras de la oración como el cuerpo o el canal para el aspecto más importante: las *cavanot*, que pueden equipararse con el alma de la oración.

Las oraciones son como nosotros: sin un alma, tanto nosotros como ellas estamos vacíos. Las oraciones que se dicen por rutina, sin *cavaná*, son inútiles. En efecto, fue Rav Eleazar quien dijo: "Aquel que hace de sus oraciones una tarea fija, sus oraciones no son oraciones".

La palabra más comúnmente utilizada para "oración" es *tefilá*, cuya raíz significa "trivial" o "secundario". Sin embargo, aunque las palabras de una oración sean secundarias, no son redundantes. Así como el alma necesita al cuerpo para expresarse a sí misma en la existencia física, la conciencia también necesita las palabras y las letras de las oraciones. La intención tanto de la oración como de la meditación es inyectar la Luz omnipresente en nuestra conciencia. Nuestras oraciones nos conectan con aspectos de la Luz del Creador. Entender el funcionamiento de todo esto está más allá de nuestra percepción, pero sí que podemos ver los efectos positivos que tiene en nuestra vida.

La Kabbalah enseña que hay dos universos o realidades: la realidad del Árbol del Conocimiento del Bien y del Mal y la realidad del Árbol de la Vida. Nosotros vivimos en la realidad del Árbol del Conocimiento, que se caracteriza por el caos, el dolor y el sufrimiento. Nuestro objetivo es alcanzar la realidad del Árbol de la Vida, que es la realidad que existe más allá de nuestros cinco sentidos limitados y que es la realidad inundada por la Fuerza de Luz.

Esta realidad es un reino de plenitud y orden infinitos. Es la fuente de nuestra intuición y de nuestro sexto sentido, el lugar desde el cual se originan nuestra sanación, placer y felicidad. Puede que no seamos capaces de tocar y ver físicamente esta realidad, pero es tan innegable como la gravedad y tan real como los átomos que hay en el aire.

Cuando la Fuerza de Luz impera, no hay espacio para el caos y el desorden. Las semillas y las raíces de todos los desperfectos que encontramos en nuestro camino por la vida se originan en la realidad del Árbol del Conocimiento, donde el bien y el mal existen uno al lado del otro. Cuando se establece la comunión con la Fuerza de Luz, el grado de caos y desorden en nuestra vida disminuye en proporción directa con la magnitud de nuestra conexión.

El objetivo final de la meditación con *cavaná* es una *devekut* total, una "adhesión" a la Fuerza de Luz. En la realidad del Árbol de la Vida el control cuántico prevalece en el universo entero. (Cuántico se refiere a la interconexión de todo).

En la realidad del Árbol del Conocimiento, nuestra mente racional limitada percibe a las personas y a las cosas como entidades separadas, cada una de las cuales posee una realidad local e independiente. Nuestro objetivo es lograr una comunión total con la Fuerza de Luz, dando así un salto cuántico hacia la realidad del Árbol de la Vida, donde todo está conectado.

Los Centros de Kabbalah ya han dejado su huella en la conciencia de millones de personas. Las técnicas que están en uso en los Centros, tal como se describen aquí, sin duda que van a encontrar resistencia, al igual que todas las ideas que parecen estar en conflicto con las normas existentes.

Ciertamente, esta misma resistencia a cambiar, o incluso a escuchar, da fe a diario del pésimo historial de la humanidad en su intento por dominar su entorno y su vida cotidiana.

Que este libro sea un vehículo para que alcances un estado elevado de conciencia y puedas así convertirte en el amo de tu propio destino.

LAS LETRAS HEBREAS

El propósito de este libro es ayudarte a realizar una conexión con la omnipresente Fuerza de Luz del Creador.

Las letras hebreas-arameas son una poderosa herramienta que nos entregó el Creador para ayudarnos a hacer esa conexión. Desde antes del tiempo de la Creación, estas letras fueron diseñadas para ser canales para la energía de la Fuerza de Luz.

Las letras hebreas-arameas son canales de energía. Los 72 Nombres de Dios son canales de energía construidos sobre secuencias de letras hebreas-arameas (ver en la pág.137 la tabla completa de los 72 Nombres de Dios).

No es necesario dominar, ni siquiera memorizar, las técnicas contenidas en este libro para que se produzcan cambios profundos en tu vida y en el mundo que te rodea. Todo lo que se requiere es tener una mente y un corazón abiertos.

Mientras dejas que tus ojos —las ventanas de tu alma— escaneen las formas y las secuencias de cada letra en estos rezos y bendiciones, puedes tener la certeza de que tu esfuerzo activará el poder de estas letras, permitiéndoles así atraer la Fuerza de la Luz del Creador hacia tu conciencia.

No existe un sistema que se aplique de manera uniforme a la transliteración hebreo-aramea. En el presente libro nos hemos adherido a lo que se denomina "pronunciación sefardita", puesto que sigue el método kabbalístico de pronunciación y es, asimismo, la más fácil de utilizar (para no ser científicamente correcto).

Las letras hebreas-arameas son consonantes. Las vocales están simbolizadas por los signos que se encuentran debajo, encima o al lado de las letras. Las vocales en esta transliteración se pronuncian de la forma más simple.

Las consonantes:

La letra	Nombre de la letra	Suena como:	Comentarios
א	Álef	a, e, i, o, u	No tiene sonido propio, adopta el sonido de la vocal que la acompaña.
בּ	Bet	b	B de "Brasil"
ב	Vet: sin daguesh	v	V de "Venus" <u>Nota</u>: Daguesh se llama a un punto colocado en el interior de algunas letras.
ג	Guímel	g	G de "gol"
ד	Dálet	d	D de "David"
ה	Hei	h	Una H aunque con un sonido suave como en "Hawai" es muda cuando aparece al final
ו	Vav	v, u, o	V de "Venus", U de "útil", O de "oso"
ז	Zayin	z	Zzzzz como un zumbido
ח	Jet	j	Como en "jarra"
ט	Tet	t	T de "tarta"
י	Yud	i, y	I cuando se usa como vocal como en "alelí", Y cuando es consonante como en "cayó"
כּ	Caf	c	Ca-que-qui-co-cu "casa"
כ	Jaf: Sin daguesh	j	Como en "jarra"
ל	Lámed	l	L de "Libra"
מ	Mem	m	M de "Marte"
נ	Nun	n	N de "Noruega"

La letra	Nombre de la letra	Suena como:	Comentarios
ס	Sámej	s	S de "Siria"
ע	Ayin	a, e, i, o, u	No tiene sonido propio, adopta el sonido de la vocal que la acompaña, a diferencia de la Álef tiene una pronunciación profunda de garganta (oriental)
פ	Pei	p	P de "Panamá"
פ	Fei: Sin daguesh	f	F de "Francia"
צ	Tsadi	ts	Como en Pizza (Pitsa)
ק	Kof	k	K de "Kenia"
ר	Resh	r	R de "Rusia"
שׁ	Shin	sh	Si el punto está sobre la parte derecha: sh como en "show"
שׂ	Sin	s	Si el punto está sobre la parte izquierda: s como en "Siria"
ת	Tav	t	Como en "toro"

Consonantes que tienen una forma distinta como letra final en una palabra pero suenan igual:

La letra	Nombre de la letra	Suena como:	comentarios
ך (כ)	Jaf Sofit	j	Como en "reloj"
ם (מ)	Mem Sofit	m	M de "Miriam"
ן (נ)	Nun Sofit	n	N de "latín"
ף (פ)	Fei Sofit	f	F de "chef"
ץ (צ)	Tsadi Sofit	ts	Como en Pizza (Pitsa)

Las vocales:

Nombre	Carácter	Sonido
Kamáts	אָ	a
Pataj	אַ	a
Segol	אֶ	e
Tseré	אֵ	e
Shvá	אְ	e: muy breve o muda
Jirik	אִ	i
Jolam	אֹ אוֹ	o
Shuruk	אוּ	u
Kuvúts	אֻ	u

Cómo conectarse con Dios — *Lámed Vav Vav*

EXPLICACIÓN

La Luz está siempre ahí, inmutable, siempre dispuesta y capacitada para cumplir cada uno de nuestros deseos, para responder a cada una de nuestras oraciones. Al igual que la electricidad en nuestros hogares, es omnipresente, pero necesitamos conectarnos a ella para poder recibir físicamente todos sus beneficios.

El Nombre Lámed-Vav-Vav limpia todas aquellas obstrucciones que impiden que nuestras oraciones lleguen hasta Dios. Repara líneas rotas, elimina interferencias y establece una línea de comunicación segura con los Mundos Superiores. Pero solamente lo hace si somos conscientes de que nosotros somos los únicos responsables de que nuestras oraciones sean respondidas.

Está escrito que cuando los israelitas, aterrorizados y desesperados, llamaron a Dios en la orilla del Mar Rojo, Dios les preguntó: "¿Por qué Me llaman a Mí?". Esas palabras de Dios eran simplemente un código: Él les estaba diciendo en realidad que *ellos mismos tenían el poder* de escapar de esa situación de peligro. Ellos no necesitaban Su ayuda.

De hecho, Dios *nunca* responde a las oraciones. Somos nosotros mismos los que respondemos a nuestras propias oraciones al saber cómo conectarnos y cómo utilizar la energía Divina del Creador y la fuerza divina que hay en nuestra propia alma.

Hay muchas fuerzas negativas que intentan bloquear y detener nuestras oraciones. Nosotros creamos esas fuerzas negativas con nuestro propio comportamiento negativo y nuestras palabras hirientes. Al igual que la lluvia helada y el hielo pueden averiar las líneas eléctricas, nuestro comportamiento frío y amargo rompe nuestras líneas de comunicación con la Fuente de todas las bendiciones.

MEDITACIÓN PARA CONECTARSE CON DIOS

PROPÓSITO:
¿CADA VEZ QUE REZAS ENCUENTRAS LA LÍNEA OCUPADA?
¿HAY DEMASIADA INTERFERENCIA EN LA LÍNEA?
¿SE CORTA LA LLAMADA CADA VEZ QUE MARCAS EL NÚMERO?
¿TE RESULTA DIFÍCIL CONSEGUIR UNA LÍNEA EXTERNA?

MEDITACIÓN

Marcas el número. Te conectas. Tus oraciones son respondidas a la velocidad de la Luz.

Meditación para la memoria espiritual

El momento para esta meditación es cada mañana al amanecer

El gran Kabbalista Rav Jaim Vital nos enseña que el utilizar los nombres especiales que aparecen más abajo a la hora del amanecer puede ayudarnos a mejorar nuestra memoria espiritual. La cantidad de información que existe en el universo es infinita. No es posible que podamos recordarlo todo. Utilizar la siguiente meditación nos ayudará a estar conectados y sincronizados con el sistema de Luz que se asegurará de que nos encontremos en los lugares adecuados en el momento adecuado.

Bendiciones de la Mañana
Modé Aní

Cada noche, cuando nuestras almas ascienden a los Mundos Superiores, una fuerza poderosa intenta impedir que nos despertemos y veamos la luz de un nuevo día. Esta fuerza reside dentro de cada uno de nosotros. Es nuestro lado negativo, o lo que los kabbalistas llaman nuestra "Inclinación al Mal", alimentada por nuestro comportamiento negativo del día anterior. No obstante, el Creador nos da cada día otra oportunidad de cambiar y revelar la Luz que no fuimos capaces de revelar el día anterior. La conexión de *Modé Aní* nos permite aprovechar esta oportunidad. Esta secuencia de letras arameas despierta nuestra apreciación por el regreso de nuestra alma a nuestro cuerpo. Este acto de apreciación nos ayuda a fortalecer y proteger todas las bendiciones que recibimos.

Cuando te levantes, aun cuando tus manos no están limpias, puedes decir el verso "modé aní", puesto que no contiene ninguno de los Nombres Sagrados.

modé מוֹדֶה (las mujeres dicen: מוֹדָה modá) אֲנִי aní לְפָנֶיךָ lefaneja ס״ג מ״ה ב״ן

Mélej מֶלֶךְ jai וָיִ vekayam וְקַיָּם shehejezarta שֶׁהֶחֱזַרְתָּ bi בִּי

nishmatí נִשְׁמָתִי •bejemlá בְּחֶמְלָה rabá רַבָּה emunateja אֱמוּנָתֶךָ:

Doy las gracias ante Ti, Rey viviente y existente,
por regresarme mi alma, misericordiosamente. Grande es Tu confianza.

El lavado de manos

Mientras dormimos por la noche, muchas fuerzas negativas se adhieren a nuestro cuerpo. Cuando nuestra alma regresa y se reconecta con nuestro cuerpo, elimina la mayor parte de esa negatividad, pero no de nuestras manos. Al lavar nuestras manos cada mañana al despertar, logramos tres importantes objetivos:
1) Limpiar y eliminar todas las fuerzas negativas que se sujetaron a nuestras manos durante la noche;
2) Conectarnos con el nivel de causa y semilla de la realidad (proactivo), y no sólo del efecto (reactivo);
3) Desapegarnos de la energía de *aní* (pobre) y conectarnos con la energía de *ashir* (rico). Las tres últimas palabras de esta bendición son *Al Netilat Yadáyim*: la primera letra de cada una de estas tres palabras forman la palabra *aní* עֲנִי, que en arameo significa "persona pobre". Las últimas dos letras de cada una de estas tres palabras, *Ayin Lámed* על, *Lámed Tav* לת, y *Yud Mem* ים, tienen el mismo valor numérico que la palabra *ashir* עָשִׁיר, que quiere decir "persona rica".

> Lava tus manos, ve al baño como sea necesario, y luego vuelve a lavar tus manos. La forma de lavarte las manos es la siguiente: sujeta el recipiente en tu mano derecha y llénalo de agua; luego pásalo a tu mano izquierda. Entonces vierte agua desde la izquierda hacia la derecha y luego vierte agua desde la derecha a la izquierda. El proceso debe repetirse una segunda y una tercera vez. No debes lavarlas tres veces seguidas, sino alternando entre derecha e izquierda. Luego frota las manos tres veces, elévalas al nivel de los ojos y di esta bendición antes de secarlas.

בָּרוּךְ Baruj (אל) אַתָּה Atá (רחום) יְהֹוָה‎(אֵדֹנָי‎אֶהְיֶה‎יהוה) Adonai (וחזון)

אֱלֹהֵינוּ Eloheinu (ארך) יְלֹה מֶלֶךְ Mélej (אפים) הָעוֹלָם haolam (ורב) וחסד

אֲשֶׁר asher (ואמת) קִדְּשָׁנוּ kideshanu (נצר וחסד) בְּמִצְוֹתָיו bemitsvotav (לאלפים)

וְצִוָּנוּ vetsivanu (נשא עון) עַל al (ופשע) נְטִילַת netilat (וחטאה) יָדָיִם yadáyim (ונקה):

Bendito seas Tú, Señor, nuestro Dios, Rey del mundo,
Quien nos ha santificado con Sus mandamientos y nos ha ordenado sobre el lavado de manos.

Asher Yatsar

En la conexión de *Asher Yatsar* hay 45 palabras, que es el valor numérico de la palabra hebrea *Adam*. Recitar *Asher Yatsar* después de cada vez que vamos al baño nos conecta con el ADN espiritual y el mapa original del ser

BENDICIONES DE LA MAÑANA

Humano. Podemos despertar en la mañana sintiéndonos vacíos de energía espiritual, deprimidos, asustados, irritables o incluso con temor por el día que está por venir. A través del poder de *Asher Yatsar*, inyectamos la Luz de la Creación en nuestro sistema inmune, fortaleciéndolo y potenciándolo para llenarnos de Luz y recargarnos espiritualmente para el resto del día.

ילה	Eloheinu אֱלֹהֵינוּ		Adonai יְהוָֹה(אֲדֹנָי אלֹהִים)		Atá אַתָּה		Baruj בָּרוּךְ	
et אֵת		yatsar יָצַר		asher אֲשֶׁר		haolam הָעוֹלָם		Mélej מֶלֶךְ
(מצוות) ♦	תרי"ג	=	במילוי	bejojmá בְּחָכְמָה		מ"ה		haadam הָאָדָם
vo בּוֹ	ק"נ א ב"ן, יהוה אלהים יהוה אדני, מילוי קס"א ס"ג, מ"ה ברבוע ע"ב ע"ה							uvará וּבָרָא
אברהם,	jalulim חֲלוּלִים		jalulim חֲלוּלִים	♦	nekavim נְקָבִים		nekavim נְקָבִים	
galui גָּלוּי	♦	ו"פ אל, ר"ז ול"ב נתיבות החכמה, רמ"ח (אברים), עסמ"ב וט"ו אותיות פשוטות						
לבב	ב"ן,	jevodeja כְּבוֹדְךָ		jisé כִּסֵּא		lifnei לִפְנֵי		veyadúa וְיָדוּעַ
yisatem יִסָּתֵם	יוהך, מ"א אותיות דפשוט, דמילוי ודמילוי דמילוי דאהיה ע"ה					sheím שֵׁם		שֶׁאִם
דפשוט, אותיות מ"א יוהך,	im אִם		o אוֹ		mehem מֵהֶם	אהבה, דאגה	ejad אֶחָד	אֶחָד
דאגה אהבה,	ejad אֶחָד		yipatéaj יִפָּתֵחַ		ע"ה דאהיה דמילוי ודמילוי דמילוי			
afilu אֲפִלּוּ		lehitkayem לְהִתְקַיֵּם		efshar אֶפְשָׁר		ei אִי		mehem מֵהֶם
Adonai יְהוָֹה(אֲדֹנָי אלֹהִים)		Atá אַתָּה		Baruj בָּרוּךְ	♦	ejat אַחַת		shaá שָׁעָה
laasot לַעֲשׂוֹת:		umaflí וּמַפְלִיא		basar בָּשָׂר	ילי	jol כָּל		rofé רוֹפֵא

Bendito seas Tú, Señor, nuestro Dios, el Rey del mundo, Quien hizo al hombre con su sabiduría y creó en él muchas aberturas y muchas cavidades. Es obvio y sabido ante Tu Trono de Gloria que si cualquiera de ellas se bloquea o cualquiera de ellas se abre, entonces sería imposible permanecer vivo ni siquiera por una hora.
Bendito seas Tú, Señor, el Sanador de toda la carne y quien asombra por lo que Él hace.

Elohai Neshamá: conexión con nuestra alma

La Kabbalah nos enseña que hay cinco niveles principales de nuestra alma: *Néfesh, Rúaj, Neshamá, Jayá* y *Yejidá*. En nuestra vida cotidiana, la mayoría de nosotros no estamos totalmente conectados a todos los cinco niveles. Un cordón umbilical discurre constantemente entre los cinco niveles del alma, alimentándonos con la cantidad mínima de Luz que necesitamos para mantener el "piloto" encendido en nuestra alma. Recitamos *Elohai Neshamá* cada mañana para conectar nuestra mente consciente a los cinco niveles de nuestra alma, para que podamos despertar nuestro verdadero propósito y significado en la vida.

El nombre de la persona no es meramente una palabra; es también la conexión espiritual con su alma. Cada letra de un nombre es parte del alfabeto espiritual genético que infunde al alma una forma de energía en particular creada por ese nombre. El poder de esta bendición es que abre un túnel a través de los Mundos Superiores y crea una conexión con todas las cinco partes de nuestra alma. Nuestra conexión con esta oración se vuelve más profunda si combinamos nuestro nombre hebreo con la palabra *Neshamá* נשמה (alma). Para combinar tu nombre con *Neshamá*, de derecha a izquierda, inserta la primera letra de tu nombre, seguida por la primera letra de *Neshamá*. Luego inserta la segunda letra de tu nombre, seguida por la segunda letra de *Neshamá*, y así sucesivamente. Medita en la secuencia completa de letras antes de conectar con la oración. Por ejemplo, con el nombre Yehuda (יהודה), la combinación quedaría de la siguiente manera:

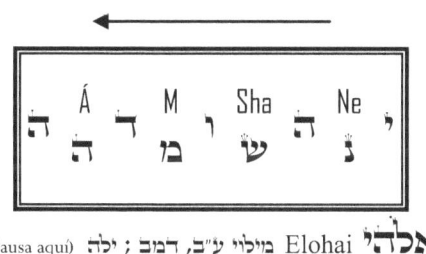

אֱלֹהַי Elohai במילוי ע״ב, דמ״ב ; ילה (Pausa aquí)

(cinco aspectos de los *Atsilut, Briá, Yetsirá* y *Asiyá* colectivos) neshamá נְשָׁמָה

◆(*Jayá* desde *Atsilut*) tehorá טְהוֹרָה (en el alma de *Adán*) bi בִּי shenatata שֶׁנָּתַתָּ

Mi Dios, el alma que Tú has dado en mí es pura.

BENDICIONES DE LA MAÑANA

◆(Neshamá	desde	Briá)	verata בְּרָאתָהּ	Atá אַתָּה
◆(Rúaj	desde	Yetsirá)	yetsarta יְצַרְתָּהּ	Atá אַתָּה
◆(Néfesh	desde	Asiyá)	bi בִּי	nefajta נְפַחְתָּהּ	Atá אַתָּה

veAtá וְאַתָּה • עדי bekirbí בְּקִרְבִּי meshamrá מְשַׁמְּרָהּ veAtá וְאַתָּה
bi בִּי ulehajazirá וּלְהַחֲזִירָהּ mimeni מִמֶּנִּי litlá לִטְּלָהּ atid עָתִיד
shehaneshamá שֶׁהַנְּשָׁמָה zmán זְמַן ילי col כָּל ◆ lavó לָבֹא leatid לֶעָתִיד
בְּקִרְבִּי ס"ג מ"ה ב"ן lefaneja לְפָנֶיךָ אני aní אֲנִי modé מוֹדֶה עדי vekirbí
יהו"ה ילה ; דמב ע"ב, מילוי Elohai אֱלֹהַי Adonai יְהֹוָה (אֲדֹנָי אהדונהי)
veElohei וֵאלֹהֵי לכב ; מילוי ע"ב, דמב ; ילה avotai אֲבוֹתַי יהוה עסמ"ב ribón רִבּוֹן
col כָּל ילי adón אָדוֹן ◆ hamaasim הַמַּעֲשִׂים ילי col כָּל
haneshamot הַנְּשָׁמוֹת ◆ Baruj בָּרוּךְ Atá אַתָּה Adonai יְהֹוָה (אֲדֹנָי אהדונהי)
hamajazir הַמַּחֲזִיר neshamot נְשָׁמוֹת lifgarim לִפְגָרִים metim מֵתִים:

Tú la has formado. Tú la has creado. Tú la has insuflado en mí.
Y la preservas dentro de mí. Finalmente, Tú la retirarás de mí, y sin embargo me la retornarás en un futuro venidero. Mientras el alma esté dentro de mí, yo Te estoy agradecido ante Tí, Señor, mi Dios y Dios de mis padres, el Gobernante de todas las acciones. El Dueño de todas las almas. Bendito seas Tú, Señor, Quien regresa las almas a los cuerpos muertos.

Las Dieciocho Bendiciones

El propósito de las Dieciocho Bendiciones es reconectar a nuestra alma con nuestro cuerpo físico después de haber estado casi totalmente desconectada durante el sueño de la noche previa. Todos nosotros estamos bendecidos con diversos dones que la mayoría del tiempo no apreciamos, tales como la conexión de nuestra alma a nuestro cuerpo. Lamentablemente, la mayoría de nosotros sólo empezamos a apreciar nuestros regalos cuando los hemos perdido. A través del poder de estas Dieciocho Bendiciones, podemos inyectar una fuerza de energía proactiva de apreciación, la cual, a su vez, protege y preserva todo lo que amamos.

La Primera Bendición – Distingue entre la noche y el día

El don más grande que poseemos como seres humanos es el poder del libre albedrío. La frase "distingue entre la noche y el día" se refiere a la capacidad que tenemos para escoger la Luz del Creador sobre la oscuridad o el bien sobre el mal. Al decir esta bendición, se nos otorga la claridad para ver estas dos fuerzas opuestas que suelen estar ocultas para nosotros.

ילה Eloheinu אֱלֹהֵינוּ Adonai יְהֹוָאדֹנָיאהרונהי Atá אַתָּה Baruj בָּרוּךְ

ושר אבגיתץ, hanotén הַנּוֹתֵן haolam הָעוֹלָם Mélej מֶלֶךְ

; עכוי ע"ה = מלאך גבריאל viná בִּינָה lasejví לַשֶּׂכְוִי

ר"ת מילוי ס"ג (suavizando el juicio de la noche) ו"ס = ללה, אדני lehavjín לְהַבְחִין

בֵּין bein יוֹם yom ע"ה נגד, מזבוז, זן, אל יהוה uvein וּבֵין layla לַיְלָה מולה ; ר"ת = ג"פ יהוה:

Bendito seas Tú, Señor, nuestro Dios,
el Rey del mundo, Quien le otorga al gallo el entendimiento para distinguir entre el día y la noche.

LA SEGUNDA BENDICIÓN – OTORGA VISTA A LOS CIEGOS

El Rey David dijo: "Tenemos ojos, pero no vemos. Tenemos oídos, pero no escuchamos". Con demasiada frecuencia nos dejamos cegar por una oportunidad lucrativa o somos incapaces de anticipar el caos inminente de una determinada situación. El verdadero poder de esta bendición es que nos ayuda a realzar nuestros sentidos de percepción e intuición para que podamos ver las verdades que normalmente están ocultas para nosotros.

Baruj בָּרוּךְ Atá אַתָּה Adonai יְהֹוָאדֹנָיאהדונהי Eloheinu אֱלֹהֵינוּ יהוה

Mélej מֶלֶךְ haolam הָעוֹלָם pokéaj פּוֹקֵחַ ivrim עִוְרִים׃

Bendito seas Tú, Señor, nuestro Dios, Rey del mundo, Quien otorga la vista a los ciegos.

LA TERCERA BENDICIÓN – LIBERA A LOS QUE ESTÁN PRESOS

A menudo nos volvemos prisioneros de nuestro trabajo, nuestros pagos de la hipoteca, nuestras relaciones, nuestras profesiones, o incluso de las percepciones que otras personas tienen de nosotros. En esencia, cada uno de nosotros, en mayor o menor grado, es un prisionero cautivo de su Deseo de Recibir Sólo para Sí Mismo. La energía que emana de esta bendición tiene el poder de liberarnos de las garras de este deseo tan poderoso y autodestructivo.

Baruj בָּרוּךְ Atá אַתָּה Adonai יְהֹוָאדֹנָיאהדונהי Eloheinu אֱלֹהֵינוּ יהוה

Mélej מֶלֶךְ haolam הָעוֹלָם matir מַתִּיר asurim אֲסוּרִים׃

Bendito seas Tú, Señor, nuestro Dios, Quien liberas a aquellos que están presos.

LA CUARTA BENDICIÓN – ENDEREZA A AQUELLOS QUE ESTÁN TORCIDOS

El significado interno de esta bendición está relacionado con la visión a menudo tergiversada que tenemos del mundo y de las personas que nos rodean. Nuestro yo egocéntrico distorsiona nuestra percepción de la realidad hasta el punto en que todos los demás nos parecen torcidos, imperfectos y equivocados. Esta secuencia específica de letras arameas tiene el poder de imbuirnos con la aceptación y la comprensión para que podamos eliminar esa parte negativa de nuestro carácter que percibe a los demás como torcidos.

ילה Eloheinu אֱלֹהֵינוּ Adonai יְהֹוָאדֹנָיאהדונהי Atá אַתָּה Baruj בָּרוּךְ

quefufim: כְּפוּפִים zokef זוֹקֵף haolam הָעוֹלָם Mélej מֶלֶךְ

Bendito seas Señor, nuestro Dios, Rey del mundo, Quien endereza a aquellos que están torcidos.

LA QUINTA BENDICIÓN – VISTE A LOS QUE ESTÁN DESNUDOS

La Kabbalah explica que el cuerpo es la vestimenta del alma. De igual forma que una persona negativa no puede cambiar su carácter poniéndose un traje costoso, nosotros no podemos crear un cambio personal ni la satisfacción duradera si no nos conectamos a un mundo que está más allá de la conciencia de nuestro cuerpo. La secuencia de letras en esta bendición nos otorga el poder de elevarnos por encima de nuestra conciencia corpórea y conectarnos con nuestra conciencia del alma.

ילה Eloheinu אֱלֹהֵינוּ Adonai יְהֹוָאדֹנָיאהדונהי Atá אַתָּה Baruj בָּרוּךְ

arumim: עֲרוּמִים malbish מַלְבִּישׁ haolam הָעוֹלָם Mélej מֶלֶךְ

Bendito seas Tú, Señor, nuestro Dios, Rey del mundo, Quien viste a los desnudos.

La Sexta Bendición – Da fortaleza a los fatigados

A menudo tratamos de efectuar cambios positivos dentro de nosotros mismos. Intentamos enfrentar nuestros miedos, deshacernos de la ira y vencer nuestros celos. Pero el Satán, una inteligencia negativa, lucha contra nosotros desde nuestro interior, y puede evitar que estos cambios sucedan. La secuencia de letras en esta bendición nos brinda la ayuda adicional y la energía que necesitamos para vencer al Satán.

Baruj בָּרוּךְ Atá אַתָּה Adonai יְהֹוָה/אֲדֹנָי/אֱלֹהִים Eloheinu אֱלֹהֵינוּ ילה Mélej מֶלֶךְ

haolam הָעוֹלָם hanotén הַנּוֹתֵן אבגיתץ, ושר layaef לַיָּעֵף cóaj כֹּחַ נגד׃

Bendito seas Tú, Señor, nuestro Dios, Rey del mundo, Quien le da fortaleza a los fatigados.

La Séptima Bendición – Mantiene la tierra por encima del agua

Los kabbalistas enseñan que antes de la creación del mundo, el agua llenaba toda la realidad y la existencia. El agua es una expresión física de la fuerza-energía de la misericordia y la Fuerza de Luz del Creador, también conocida como el Deseo de Compartir. La materia física posee la esencia inherente del Deseo de Recibir, representado por la creación de la tierra en nuestro planeta. Dios creó un delicado equilibrio entre el Deseo de Compartir y el Deseo de Recibir, el cual se manifiesta en el equilibrio existente entre el agua y la tierra. Esta bendición nos ayuda a lograr y mantener este equilibrio.

Baruj בָּרוּךְ Atá אַתָּה Adonai יְהֹוָה/אֲדֹנָי/אֱלֹהִים Eloheinu אֱלֹהֵינוּ ילה

Mélej מֶלֶךְ haolam הָעוֹלָם roka רוֹקַע haárets הָאָרֶץ אלהים דההן ע״ה

al עַל hamáyim הַמָּיִם׃

Bendito seas Tú, Señor, nuestro Dios, Rey del mundo, Quien mantiene la tierra por encima del agua.

La Octava Bendición – Dirige los pasos del hombre

Cuando una persona se embarca en un camino espiritual, él o ella inevitablemente se encontrará con obstáculos y retos a lo largo del camino. Esta secuencia particular de letras arameas nos da el poder de la certeza, de saber que el camino espiritual que estamos transitando es el correcto, aun cuando el sendero ante nosotros se torne temporalmente más oscuro.

יכ׳ה Eloheinu אֱלֹהֵינוּ Adonai יְהוָֹה(אדני/יאהדונהי) Atá אַתָּה Baruj בָּרוּךְ

:gaver גָּבֶר mitseadei מִצְעֲדֵי hamejín הַמֵּכִין haolam הָעוֹלָם Mélej מֶלֶךְ

Bendito seas Tú, Señor, nuestro Dios, Rey del Mundo, Quien dirige los pasos del hombre.

La Novena Bendición – Satisface todas mis necesidades

No recitamos esta bendición en *Tishá BeAv* (9º día de Av) ni en *Yom Kipur*.

Esta antigua secuencia de letras garantiza que recibamos lo que nuestra alma realmente desea, y no lo que nuestros impulsos reactivos inmediatos hacen que anhelemos.

יכ׳ה Eloheinu אֱלֹהֵינוּ Adonai יְהוָֹה(אדני/יאהדונהי) Atá אַתָּה Baruj בָּרוּךְ

עליונים דפנים נהורין ע״ע (ע״ע) שֶׁע sheasá שֶׁעָשָׂה haolam הָעוֹלָם Mélej מֶלֶךְ

להמתיק דיני ע״ה דלה״ן] = אלף למד אלף למד [אל א׳ = יהו״ה ד׳ אותיות והכולל ואל ב׳ = יא״י דס״ג]

:tsorkjí צָרְכִּי יכי col כָּל li כִּי אלהים דיודין וה׳ אותיות ו׳ה = אלהים עָ׳ה

Bendito seas Tú, Señor, nuestro Dios, Rey del mundo, Quien satisface todas mis necesidades.

BENDICIONES DE LA MAÑANA

La Duodécima Bendición – No me hizo un hombre gentil/mujer gentil

En un nivel superficial, esta bendición podría parecer discriminatoria. Kabbalísticamente, la palabra gentil no tiene nada que ver con la afiliación religiosa de una persona. Más bien es una palabra en código que representa a alguien que no tiene un Deseo de Recibir poderoso e intenso. Esta bendición enciende nuestro deseo de crecimiento espiritual, cambio interno y transformación positiva.

Hombres dicen: בָּרוּךְ Baruj אַתָּה Atá יְהֹוָאדֹנָיאהדונהי Adonai אֱלֹהֵינוּ Eloheinu ילה
מֶלֶךְ Mélej הָעוֹלָם haolam שֶׁלֹּא sheló עָשַׂנִי asani גּוֹי goy:

Mujeres dicen: בָּרוּךְ Baruj אַתָּה Atá יְהֹוָאדֹנָיאהדונהי Adonai אֱלֹהֵינוּ Eloheinu ילה
מֶלֶךְ Mélej הָעוֹלָם haolam שֶׁלֹּא sheló עָשַׂנִי asani גּוֹיָה goyá:

Bendito seas Tú, Señor, nuestro Dios, Rey del mundo, Quien no me hizo un hombre gentil / mujer gentil.

La Decimotercera Bendición - No me hizo un esclavo / una sirvienta

Esta bendición nos brinda el apoyo que necesitamos para no ser gobernados ni encarcelados por nuestra naturaleza reactiva y el mundo material.

Hombres dicen: בָּרוּךְ Baruj אַתָּה Atá יְהֹוָאדֹנָיאהדונהי Adonai אֱלֹהֵינוּ Eloheinu ילה
מֶלֶךְ Mélej הָעוֹלָם haolam שֶׁלֹּא sheló עָשַׂנִי asani עָבֶד aved:

Mujeres dicen: בָּרוּךְ Baruj אַתָּה Atá יְהֹוָאדֹנָיאהדונהי Adonai אֱלֹהֵינוּ Eloheinu ילה
מֶלֶךְ Mélej הָעוֹלָם haolam שֶׁלֹּא sheló עָשַׂנִי asani שִׁפְחָה shifjá:

Bendito seas Tú, Señor, nuestro Dios, Rey del mundo, Quien no me hizo un esclavo/ una sirvienta.

La Decimocuarta Bendición – No me hizo mujer / me hizo acorde a su voluntad

Aunque esta bendición parece machista, no lo es. Kabbalísticamente, la energía inherente a la dimensión de *Zeir Anpín* (que comprende las *Sefirot* de *Jésed* a *Yesod*) —el canal a través del cual fluye la Luz desde los Mundos Superiores hasta nuestro mundo— es masculina. *Maljut*, nuestro mundo, tiene una energía inherente femenina. Este rezo despierta apreciación por nuestra capacidad de generar Luz espiritual a través de las dos fuerzas de energía de lo masculino y lo femenino, y ayuda a que las dos mitades del alma —femenina y masculina— se unan.

Hombres dicen: בָּרוּךְ Baruj אַתָּה Atá יְהֹוָאדְנָיאֱהֹדִוְנָהי Adonai אֱלֹהֵינוּ Eloheinu ילה מֶלֶךְ Mélej הָעוֹלָם haolam שֶׁלֹּא sheló עָשַׂנִי asani אִשָּׁה ishá:

Mujeres dicen: בָּרוּךְ Baruj שֶׁעָשַׂנִי sheasani כִּרְצוֹנוֹ quirtsonó:

Bendito seas Tú, Señor, nuestro Dios, Rey del mundo, Quien no me hizo una mujer.
Bendito Quien me hizo acorde a Su Voluntad.

La Decimoquinta Bendición – Elimina de mis ojos las ataduras del sueño

Los kabbalistas han dicho que la humanidad ha estado dormida durante dos mil años. Desafortunadamente, algunas personas viven dormidas toda su vida. Nunca elevan su nivel de conciencia y no logran crear un verdadero cambio interno. Las letras arameas de esta bendición ayudan a despertarnos de ese estado de coma.

בָּרוּךְ Baruj אַתָּה Atá יְהֹוָאדְנָיאֱהֹדִוְנָהי Adonai אֱלֹהֵינוּ Eloheinu ילה מֶלֶךְ Mélej הָעוֹלָם haolam הַמַּעֲבִיר hamaavir וּבְכְלִי jevlei שֵׁנָה shená מֵעֵינַי meeinai ריבוע מ"ה וּתְנוּמָה utnumá מֵעַפְעַפָּי meafapai:

Esta bendición no termina aquí, sino al final de la siguiente sección ("*gomel jasadim tovim leamó Yisrael*"), por ese motivo no respondemos *AMÉN* aquí

Bendito seas Tú, Señor, nuestro Dios, Rey del mundo,
Quien elimina de mis ojos las ataduras del sueño y la pesadez de mis párpados.

BENDICIONES DE LA MAÑANA

LA DECIMOCUARTA BENDICIÓN – NO ME HIZO MUJER / ME HIZO ACORDE A SU VOLUNTAD

Aunque esta bendición parece machista, no lo es. Kabbalísticamente, la energía inherente a la dimensión de *Zeir Anpín* (que comprende las *Sefirot* de *Jésed* a *Yesod*) —el canal a través del cual fluye la Luz desde los Mundos Superiores hasta nuestro mundo— es masculina. *Maljut*, nuestro mundo, tiene una energía inherente femenina. Este rezo despierta apreciación por nuestra capacidad de generar Luz espiritual a través de las dos fuerzas de energía de lo masculino y lo femenino, y ayuda a que las dos mitades del alma —femenina y masculina— se unan.

ילה Eloheinu אֱלֹהֵינוּ Adonai יְהֹוָהאדניאלהיםיהוה Atá אַתָּה Baruj בָּרוּךְ

ishá אִשָּׁה: asani עָשַׂנִי sheló שֶׁלֹּא haolam הָעוֹלָם Mélej מֶלֶךְ

quirtsonó כִּרְצוֹנוֹ: sheasani שֶׁעָשַׂנִי Baruj בָּרוּךְ dicen Mujeres:

Bendito seas Tú, Señor, nuestro Dios, Rey del mundo, Quien no me hizo una mujer.
Bendito Quien me hizo acorde a Su Voluntad.

LA DECIMOQUINTA BENDICIÓN – ELIMINA DE MIS OJOS LAS ATADURAS DEL SUEÑO

Los kabbalistas han dicho que la humanidad ha estado dormida durante dos mil años. Desafortunadamente, algunas personas viven dormidas toda su vida. Nunca elevan su nivel de conciencia y no logran crear un verdadero cambio interno. Las letras arameas de esta bendición ayudan a despertarnos de ese estado de coma.

ילה Eloheinu אֱלֹהֵינוּ Adonai יְהֹוָהאדניאלהיםיהוה Atá אַתָּה Baruj בָּרוּךְ

jevlei וְחֶבְלֵי hamaavir הַמַּעֲבִיר haolam הָעוֹלָם Mélej מֶלֶךְ

meafapai מֵעַפְעַפָּי: utnumá וּתְנוּמָה רביע מ"ה meeinai מֵעֵינַי shená שֵׁנָה

Esta bendición no termina aquí, sino al final de la siguiente sección ("*gomel jasadim tovim leamó Yisrael*"), por ese motivo no respondemos *AMÉN* aquí

Bendito seas Tú, Señor, nuestro Dios, Rey del mundo,
Quien elimina de mis ojos las ataduras del sueño y la pesadez de mis párpados.

Vihí Ratsón

Esta oración nos ayuda a eliminar las fuerzas negativas que habitan en nuestro interior.

וִיהִי vihí רָצוֹן ratsón מהש ע"ה, ע"ב ברבוע קס"א ע"ה, אל שדי ע"ה מִלְּפָנֶיךָ milfaneja ס"ג
יְהֹוָהּ Adonai אֱלֹהַי Elohai מילוי ע"ב, דמב ; ילה מ"ה ב"ן
וֵאלֹהֵי veElohei אֲבוֹתַי avotai ילה ; דמב, ע"ב, מילוי לכב ; שֶׁתַּרְגִּילֵנִי shetarguileni
בְּתוֹרָתֶךָ betorateja וְתַדְבִּיקֵנִי vetadbikeni בְּמִצְוֹתֶיךָ bemitsvoteja וְאַל veal
תְּבִיאֵנִי tevieni לִידֵי lidei חֵטְא jet וְלֹא veló לִידֵי lidei עָוֹן avón וְלֹא veló
לִידֵי lidei נִסָּיוֹן nisayón וְלֹא veló לִידֵי lidei בִזָּיוֹן vizayón
וְתַרְחִיקֵנִי vetarjikeni מִיֵּצֶר miyétser הָרָע hará וְתַדְבִּיקֵנִי vetadbikeni
בְּיֵצֶר beyétser הַטּוֹב hatov וְכוֹף vejof אֶת et יִצְרִי yitsrí
לְהִשְׁתַּעְבֶּד lehishtabed לָךְ laj וּתְנֵנִי utneni הַיּוֹם hayom
וּבְכָל uvejol יוֹם yom ע"ה מזבוח, זן, אל יהוה, לכב ע"ה מזבוח, זן, אל יהוה
לְחֵן lején מילוי מ"ה ברבוע ע"ב, ריבוע יהוה וּלְחֶסֶד ulejésed
וּלְרַחֲמִים ulerajamim בְּעֵינֶיךָ beeineja ע"ה קס"א ; ריבוע מ"ה
וּבְעֵינֵי uveeinei ריבוע מ"ה כָל jol ילי רוֹאָי roai וְגָמְלֵנִי vegomleni
חֲסָדִים jasadim טוֹבִים tovim בָּרוּךְ Baruj אַתָּה Atá יְהֹוָהּ Adonai
גּוֹמֵל gomel חֲסָדִים jasadim טוֹבִים tovim לְעַמּוֹ leamó יִשְׂרָאֵל Yisrael:

Y que sea Tu voluntad, Señor, nuestro Dios y Dios de nuestros padres, que Tú me acostumbres a Tu Torá y me hagas ser fiel a Tus preceptos, y no me lleves a las manos del pecado, la injusticia, la tentación ni la vergüenza. Y que hagas que me distancie a mí mismo de la Inclinación al Mal, y me adhieras a la Inclinación al Bien, y que fuerces mi voluntad para servirte a Ti. Concédeme en este día y todos los días, gracia, benevolencia y misericordia ante Ti y ante todos aquellos que me observan, y otórgame bondad amorosa. Bendito seas Tú, Señor, Quien concede bondad amorosa a Su pueblo Israel.

Yehí Ratsón

A menudo atraemos personas negativas y situaciones desfavorables a nuestras vidas. Nos encontramos en el lugar equivocado en el momento equivocado. Hacemos negocios con las personas equivocadas. Aquí obtenemos la capacidad de eliminar todos los sucesos negativos externos e impedir que interfieran en nuestra vida. También eliminamos once áreas distintas de negatividad que pueden invadir nuestro entorno.

יְהִי yehí רָצוֹן ratsón מהש ע״ה, ע״ב ברבוע קס״א ע״ה, אל שדי ע״ה ס״ג מִלְּפָנֶיךָ milfaneja מ״ה ב״ן יְהוָֹה (אדנייאהדונהי) Adonai אֱלֹהַי Elohai מילוי ע״ב, דמב ; ילה וֵאלֹהֵי veElohei אֲבוֹתַי avotai ילה ; מילוי ע״ב, דמב שֶׁתַּצִילֵנִי shetatsileni הַיּוֹם hayom לכב ; מילוי ע״ב, דמב וּבְכָל uvejol ב״ן, לכב יוֹם yom ע״ה נגד, מזבח, זן, אל יהוה וָיוֹם vayom ע״ה נגד, מזבח, זן, אל יהוה אלהים ע״ה, אהיה אדני ע״ה מֵעַזֵּי meazei פָּנִים fanim וּמֵעַזוּת umeazut פָּנִים panim מֵאָדָם meadam רַע ra מִיֵּצֶר miyétser רָע ra מֵחָבֵר mejaver רָע ra מִשָּׁכֵן mishajén רָע ra מִפֶּגַע mipega רָע ra מֵעַיִן meáyin ריבוע מ״ה הָרָע hará וּמִלָּשׁוֹן umilashón הָרָע hará מִדִּין midín קָשֶׁה kashé וּמִבַּעַל umibáal דִּין din קָשֶׁה kashé שֶׁהוּא shehú בֵּין bein בֶּן ven בְּרִית brit וּבֵין uvein שֶׁאֵינוֹ sheeinó בֶּן ven בְּרִית brit:

Que sea Tu voluntad, Señor nuestro Dios y Dios de nuestros antepasados, salvarme en este día y en todos los días del hombre arrogante y de la arrogancia, de un hombre malvado, de la Inclinación al Mal, de una compañía malvada, de un vecino malvado, de un suceso siniestro, del mal de ojo, de las palabras malignas, del juicio severo, y de un oponente severo, ya sea un hijo de la alianza o no sea un hijo de la alianza.

BENDICIONES DE LA TORÁ

Las tres bendiciones siguientes se conocen como *Bircot haTorá* (Bendiciones de la Torá).

LA DECIMOSEXTA BENDICIÓN – LAS ENSEÑANZAS DE LA TORÁ

Los kabbalistas nos enseñan que sin una conexión con la Torá no tenemos ninguna posibilidad de crear un cambio positivo genuino en nuestra vida ni en el mundo que nos rodea. Según la Kabbalah, la referencia a la Torá se refiere al trabajo espiritual, el estudio espiritual y el uso de herramientas espirituales. Esta bendición nos conecta con la esencia interna de la Torá, dándonos la energía y el combustible que necesitamos para activar todas las otras bendiciones que hemos recitado, y para imbuir nuestras vidas de pasión y energía espiritual.

Baruj בָּרוּךְ   Atá אַתָּה   Adonai יְהוָֹה(אדני/אהדונהי)

Eloheinu אֱלֹהֵינוּ   ילה   Mélej מֶלֶךְ   haolam הָעוֹלָם

asher אֲשֶׁר   kideshanu קִדְּשָׁנוּ   bemitsvotav בְּמִצְוֹתָיו

vetsivanu וְצִוָּנוּ   al עַל   divrei דִּבְרֵי   ראה   Torá תּוֹרָה׃

Según el Arí: respondemos *Amén* después de esta bendición, puesto que esta es una bendición separada de la siguiente.

Bendito seas Tú, Señor, nuestro Dios, Rey del mundo, Quien nos ha santificado con Sus mandamientos y nos ha ordenado con respecto a las enseñanzas de la Torá.

La Decimoséptima Bendición - Enseña Torá a La Nación

Decimos esta bendición con la conciencia de ayudar a todo el mundo a hacer una conexión con la energía de la Torá. Esta es nuestra oportunidad para ocuparnos genuinamente de los demás y compartir la Luz del Creador: una de las formas más poderosas de transformar nuestra naturaleza reactiva en una proactiva.

ילה	Eloheinu	אֱלֹהֵינוּ	Adonai	יְהֹוָה(אדני-אהדונהי)	na	נָא	vehaarev	וְהַעֲרֶב
befinu	בְּפִינוּ		Toratjá	תּוֹרָתְךָ	ראה	divrei	דִּבְרֵי	et	אֶת
♦Yisrael	יִשְׂרָאֵל	ראה	ב"פ	beit	בֵּית	ameja	עַמְּךָ	uvefifiyot	וּבְפִיפִיּוֹת
vetseetsaeinu	וְצֶאֱצָאֵינוּ			anajnu	אֲנַחְנוּ	venihyé	וְנִהְיֶה

(Debes meditar para que tus hijos sean justos y estén conectados a la Torá y a la Luz)

vetseetsaei	וְצֶאֱצָאֵי	tseetsaeinu	צֶאֱצָאֵינוּ	vetseetsaei	וְצֶאֱצָאֵי
culanu	כֻּלָּנוּ	Yisrael	יִשְׂרָאֵל	ראה	ב"פ	beit	בֵּית	ameja	עַמְּךָ
Torateja	תּוֹרָתֶךָ	velomdei	וְלוֹמְדֵי	shemeja	שְׁמֶךָ	yodei	יוֹדְעֵי
Adonai	יְהֹוָה(אדני-אהדונהי)	Atá	אַתָּה	Baruj	בָּרוּךְ	♦lishmá	לִשְׁמָהּ
:Yisrael	יִשְׂרָאֵל	leamó	לְעַמּוֹ	Torá	תּוֹרָה	hamelamed	הַמְלַמֵּד

Y endulza para nosotros, Señor, nuestro Dios, las palabras de Tu Torá en nuestras bocas y en las bocas de Tu Nación, la Casa de Israel. Y pueda que nosotros y nuestra descendencia, y la descendencia de nuestra descendencia, y la descendencia de toda Tu Nación, la Casa de Israel, todos nosotros, sepamos Tus Nombres y seamos aprendices de Tu Torá por el bien de sí misma. Bendito seas Tú, Señor, Quien enseña la Torá a Su Nación, Israel.

LA DECIMOCTAVA BENDICIÓN – NOS DIO LA TORÁ

La palabra Aramea *jai* חי ("vida") tiene un valor numérico de 18. Esta bendición nos conecta con el Árbol de la Vida, (*Ets HaJayim* עץ הזיים) la dimensión en la que solamente existen la satisfacción, el orden y la felicidad eterna.

בָּרוּךְ Baruj   אַתָּה Atá   יְהוָֹה(אדני/אהדונהי) Adonai   אֱלֹהֵינוּ Eloheinu   ילה

מֶלֶךְ Mélej   הָעוֹלָם haolam   אֲשֶׁר asher   בּוֹחֵר bajar

בָּנוּ banu   מִכָּל micol   ילי   הָעַמִּים haamim   וְנָתַן venatán

לָנוּ lanu   אלהים, אהיה אדני   אֶת et   תּוֹרָתוֹ Torató   בָּרוּךְ Baruj

אַתָּה Atá   יְהוָֹה(אדני/אהדונהי) Adonai   נוֹתֵן notén   אבגיתץ, ושר   הַתּוֹרָה haTorá:

Bendito seas Tú, Señor, nuestro Dios, Rey del mundo, Quien nos ha elegido de entre todas las naciones y nos dio Su Torá. Bendito seas, Señor, Quien nos da la Torá.

LA BENDICIÓN DE LOS COHANIM

Al finalizar las Dieciocho Bendiciones, hacemos una conexión inmediata con la Torá. Los versos que recitamos son las bendiciones de los sacerdotes *(Cohanim)*. En tiempos antiguos, cuando el *Cohén* bendecía a la congregación en el Templo, utilizaba la fórmula *Yud, Yud, Yud* ייי, uno de los 72 Nombres de Dios. Cada una de las tres frases siguientes empieza con una *Yud*. Cuando recitamos esta oración, activamos y revelamos enormes poderes de sanación en nuestra vida.

וַיְדַבֵּר vaydaber   ראה   יְהוָֹה(אדני/אהדונהי) Adonai   אֶל el

מֹשֶׁה Moshé   מהש, ע"ב בריבוע קס"א, אל שדי, ד"פ אלהים ע"ה   לֵּאמֹר lemor:

"Y el Señor habló a Moisés y dijo:

BENDICIONES DE LA MAÑANA

daber דַּבֵּר raah el אֶל־ Aharón אַהֲרֹן veel וְאֶל־ banav בָּנָיו

lemor לֵאמֹר co כֹּה tevarjú תְבָרְכוּ הֵי יהוה רִיבּוּעַ יהוה רִיבּוּעַ מ"ה

et אֶת־ bnei בְּנֵי Yisrael יִשְׂרָאֵל amor אָמוֹר lahem לָהֶם׃

(Derecha - *Jésed*)

יְבָרֶכְךָ yevarejá יְהֹוָהאדניאהדונהי Adonai veyishmereja וְיִשְׁמְרֶךָ׃

ר"ת = יהוה ; וס"ת = מ"ה׃

(Izquierda - *Guevurá*)

yaer יָאֵר כף ויו זין ויו יְהֹוָהאדניאהדונהי | Adonai panav פָּנָיו

eleja אֵלֶיךָ vijuneca וִיחֻנֶּךָּ מוּגָּד ; יהה אותיות בפסוק׃

(Central - *Tiféret*)

yisá יִשָּׂא יְהֹוָהאדניאהדונהי | Adonai panav פָּנָיו eleja אֵלֶיךָ

veyasem וְיָשֵׂם lejá לְךָ shalom שָׁלוֹם האא תיבות בפסוק׃

(*Maljut*)

vesamu וְשָׂמוּ et אֶת־ Shmí שְׁמִי al עַל־ bnei בְּנֵי Yisrael יִשְׂרָאֵל

vaAní וַאֲנִי avarjem אֲבָרְכֵם׃

Habla a Aarón y a sus hijos diciendo: Pues bendecirán a los Hijos de Israel, y les dirán:
Que el Señor te bendiga y te proteja.
Que el Señor haga brillar Su rostro sobre ti y te dé gracia.
Que el Señor eleve Su rostro hacia ti y te conceda paz.
Y ellos pondrán Mi Nombre sobre los Hijos de Israel y Yo les bendeciré.

La carta del Rambán (Rav Moisés Najmánides 1194-1270)

La siguiente carta fue escrita por el Rambán a su hijo, para enseñarle sobre la humildad y la modestia. El Rambán ordenó a su hijo que leyera esta carta al menos una vez a la semana y le prometió que cada día que leyera esta carta todas sus oraciones serían respondidas. También dijo que todos aquellos que la reciten estarán protegidos de daños o sufrimiento, y se les promete su participación en el Mundo por Venir.

שְׁמַע shmá בְּנִי bni מוּסַר musar אָבִיךָ avija, וְאַל־ veal- תִּטּשׁ titosh
תּוֹרַת torat אִמֶּךָ imeja. תִּתְנַהֵג titnaheg תָּמִיד tamid לְדַבֵּר ledaber
כָּל col דְּבָרֶיךָ devareja בְּנַחַת benájat לְכָל lejol אָדָם adam
וּבְכָל uvejol עֵת et, וּבָזֶה uvazé תִּנָּצֵל tinatsel מִן min הַכַּעַס hacáas,
שֶׁהִיא shehí מִדָּה midá רָעָה raá לְהַחֲטִיא lehajatí בְּנֵי bnei אָדָם adam.
וְכֵן vején אָמְרוּ amrú רַבּוֹתֵינוּ raboteinu ז"ל zal: כָּל col הַכּוֹעֵס hacoés כָּל col
מִינֵי minei גֵּיהִנֹּם Guehinom שׁוֹלְטִין sholtín בּוֹ bo שֶׁנֶּאֱמַר sheneemar:
וְהָסֵר vehaser כַּעַס cáas מִלִּבֶּךָ milibeja, וְהַעֲבֵר vehaaver רָעָה raá
מִבְּשָׂרֶךָ mibsareja, וְאֵין veein רָעָה raá אֶלָּא ela גֵּיהִנֹּם Guehinom,
שֶׁנֶּאֱמַר sheneemar: וְגַם vegam רָשָׁע rashá לְיוֹם leyom רָעָה raá.

"Escucha, hijo mío, la instrucción de tu padre y no rechaces la enseñanza de tu madre". (Proverbios 1:8) Adquiere el hábito de hablar siempre calmadamente a todo el mundo. Esto te salvará de la ira, un serio defecto de carácter que hace pecar a las personas. Tal como dijeron nuestros Maestros: "Todo aquel que se enciende de ira está sujeto a la disciplina de Guehinom" (Nedarim 22a) como está escrito: "Destierra la ira de tu corazón y el mal de tu carne" (Eclesiastés 12:10). Mal significa aquí Guehinom, como leemos: "y los malvados están destinados al día del mal" (Proverbios 16:4).

taalé תַּעֲלֶה	hacáas הַכַּעַס	min מִן	tınatsel וּתִנָּצֵל	vejaasher וְכַאֲשֶׁר				
midá מִדָּה	shehí שֶׁהִיא	haanavá הָעֲנָוָה	midat מִדַּת	libjá לִבְּךָ	al עַל			
sheneemar שֶׁנֶּאֱמַר	tovot טוֹבוֹת	hamidot הַמִּדּוֹת	micol מִכָּל	tová טוֹבָה				
uvaavur וּבַעֲבוּר	Adonai יְהֹוָה	yirat יִרְאַת	anavá עֲנָוָה	ékev עֵקֶב				
qui כִּי	hayirá הַיִּרְאָה	midat מִדַּת	libjá לִבְּךָ	al עַל	taalé תַּעֲלֶה	haanavá הָעֲנָוָה		
uleán וּלְאָן	bata בָּאתָ	meáyin מֵאַיִן	tamid תָּמִיד	libjá לִבְּךָ	el אֶל	titén תִּתֵּן		
vetolea וְתוֹלֵעָה	rimá רִמָּה	vesheatá וְשֶׁאַתָּה	holej הוֹלֵךְ	atá אַתָּה				
mi מִי	velifnei וְלִפְנֵי	vemotaj בְּמוֹתְךָ	qui כִּי	veaf וְאַף	bejayeja בְּחַיֶּיךָ			
lifnei לִפְנֵי	vejeshbón וְחֶשְׁבּוֹן	din דִּין	litén לִתֵּן	atid עָתִיד	atá אַתָּה			
hiné הִנֵּה	sheneemar שֶׁנֶּאֱמַר	haCavod הַכָּבוֹד	Mélej מֶלֶךְ					
lo לֹא	hashamáyim הַשָּׁמַיִם	ushmei וּשְׁמֵי	hashamáyim הַשָּׁמַיִם					
adam אָדָם	bnei בְּנֵי	libot לִבּוֹת	qui כִּי	af אַף	yejalqueluja יְכַלְכְּלוּךָ			
veet וְאֶת	hashamáyim הַשָּׁמַיִם	et אֶת	haló הֲלוֹא	veneemar וְנֶאֱמַר				
Adonai יְהֹוָה	neum נְאֻם	malé מָלֵא	aní אֲנִי	haárets הָאָרֶץ				

Una vez que te hayas salvado de la ira, la cualidad de la humildad entrará en tu corazón. Esta radiante cualidad es la mejor de todos los rasgos admirables (ver Avodá Zará 20b), "Seguido de la humildad llega el temor (reverencial) al Señor" (Proverbios 22:4), y a través de la humildad también llegará a tu corazón la cualidad del temor reverencial. Hará que siempre pienses acerca de dónde vienes y para dónde vas, y que mientras estás vivo eres sólo como un gusano y una lombriz, y lo mismo después de la muerte. También te recordará ante Quién has de ser juzgado, el Rey de la Gloria (ver Avot 3:1), como está escrito: "Ni siquiera el cielo ni los cielos del cielo pueden contenerte, ¡cuanto menos el corazón de las personas!" (I Reyes 8:27; Proverbios 15:11). También está escrito: "¿Acaso no lleno Yo cielo y Tierra? Dice el Señor" (Jeremías 23:24).

וְכַאֲשֶׁר vejaasher תַּחְשׁוֹב tajshov אֶת et כָּל col אֵלֶּה ele, תִּירָא tirá מִבּוֹרַאֲךָ miboreja וְתִשָּׁמֵר vetishamer מִן min הַחֵטְא hajet, וּבַמִּדּוֹת uvemidot הָאֵלֶּה haéle תִּהְיֶה tihyé שָׂמֵחַ saméaj בְּחֶלְקֶךָ bejelkeja וְכַאֲשֶׁר vejaasher תִּתְנַהֵג titnaheg בְּמִדַּת bemidat הָעֲנָוָה haanavá לְהִתְבּוֹשֵׁשׁ lehitboshesh מִכֹּל micol אָדָם adam וּלְהִתְפַּחֵד ulehitpajed מִמֶּנּוּ mimenu וּמִן umín הַחֵטְא hajet, אָז az תִּשְׁרֶה tishré עָלֶיךָ aleja רוּחַ rúaj הַשְּׁכִינָה haShejiná, וְזִיו veziv כְּבוֹדָהּ quevodá, וְחַיֵּי vejayei עוֹלָם olam הַבָּא habá. וְעַתָּה veatá בְּנִי bní דַע da וּרְאֵה uré, כִּי qui הַמִּתְגָּאֶה hamitgaé בְּלִבּוֹ belibó עַל al הַבְּרִיּוֹת habriyot, מוֹרֵד mored הוּא hu בְּמַלְכוּת bemaljut שָׁמַיִם shamáyim, כִּי qui מִתְפָּאֵר mitpaer הוּא hu בִּלְבוּשׁ bilvush מַלְכוּת maljut שָׁמַיִם shamáyim, שֶׁנֶּאֱמַר sheneemar: יְהֹוָה Adonai מָלָךְ malaj גֵּאוּת gueut לָבֵשׁ lavesh וְגוֹ' vegomer. וּבַמֶּה uvamé יִתְגָּאֶה yitgaé לֵב lev הָאָדָם haadam, אִם im בְּעֹשֶׁר beósher, יְהֹוָה Adonai מוֹרִישׁ morish וּמַעֲשִׁיר umaashir.

Cuando pienses en todas estas cosas, llegarás a temer a tu Creador, y te protegerás a ti mismo del pecado y por lo tanto con estas cualidades serás feliz con tu porción. También, cuando actúes humildemente y modestamente ante toda persona y le temas a Dios y al pecado, entonces el espíritu de la Shejiná y su glorioso resplandor reposarán sobre ti, ¡y vivirás la vida del Mundo por Venir! Y ahora, hijo mío, entiende y observa que el que se enorgullece en su corazón y se siente más grande que otros se está rebelando contra el Reino de los Cielos, porque se está adornando a sí mismo con las vestiduras del Reino de los Cielos, como está escrito: "El Señor reina, Él viste ropas de orgullo" (Salmos 93:1). ¿Y con qué habría uno de sentirse orgulloso? ¿Será a causa de la riqueza? "El Señor lo hace a uno pobre o rico" (1 Samuel 2:7).

LA CARTA DEL RAMBÁN

וְאִם veim, בְּכָבוֹד bejavod, הֲלֹא halo לַאלֹקִים leElokim הוּא hu, שֶׁנֶּאֱמַר sheneemar: וְהָעֹשֶׁר vehaósher וְהַכָּבוֹד vehacavod מִלְּפָנֶיךָ milfaneja, וְאֵיךְ veeij מִתְפָּאֵר mitpaer בִּכְבוֹד bijvod קוֹנוֹ konó. וְאִם veim מִתְפָּאֵר mitpaer בְּחָכְמָה bejojmá, מֵסִיר mesir שָׂפָה safá לְנֶאֱמָנִים leneemanim, וְטַעַם vetáam זְקֵנִים zekenim יִקָּח yikaj. נִמְצָא nimtsá הַכֹּל hacol שָׁוֶה shavé לִפְנֵי lifnei הַמָּקוֹם haMakom, כִּי qui בְּאַפּוֹ veapó מַשְׁפִּיל mashpil גֵּאִים gueim, וּבִרְצוֹנוֹ uvirtsonó מַגְבִּיהַּ magbihá שְׁפָלִים shefalim, לָכֵן lajén הַשְׁפִּיל hashpil עַצְמְךָ atsmejá וִינַשַּׂאֲךָ vinasajá הַמָּקוֹם haMakom. עַל al כֵּן quen אֲפָרֵשׁ afaresh לְךָ lejá אֵיךְ eij תִּתְנַהֵג titnaheg בְּמִדַּת bemidat הָעֲנָוָה haanavá לָלֶכֶת laléjet בָּהּ ba תָּמִיד tamid, כָּל col דְּבָרֶיךָ devareja יִהְיוּ yihyú בְּנַחַת benájat, וְרֹאשְׁךָ veroshjá כָּפוּף cafuf, וְעֵינֶיךָ veeineja יַבִּיטוּ yabitu לְמַטָּה lemata לָאָרֶץ laárets, וְלִבְּךָ velibeja לְמַעְלָה lemala, וְאַל veal תַּבִּיט tabit בִּפְנֵי bifnei אָדָם adam בְּדַבֶּרְךָ bedaberjá עִמּוֹ imo.

¿Es a causa del honor? Pertenece a Dios, como leemos: "Riqueza y honor vienen de Ti" (Crónicas I 29:12). sí que, ¿cómo podría uno adornarse con el honor de su señor? Y alguien que está orgulloso de su sabiduría seguramente sabe que Dios "quita el habla de hombres locuaces y el razonamiento de los sabios" (Job 12:20). De modo que vemos que todo el mundo es igual ante Dios, ya que con Su ira Él rebaja a los orgullosos y cuando Él lo desea levanta a los que están abajo. ¡Así que rebájate y Dios te elevará! Por consiguiente, ahora te explicaré cómo comportarte siempre humildemente y perseguir siempre este atributo. Habla amablemente siempre, con tu cabeza inclinada, tus ojos mirando hacia el suelo y tu corazón hacia arriba (hacia Dios). No mires al rostro de la persona con quien estás hablando.

וְכֹל vejol אָדָם adam יִהְיֶה yihyé גָּדוֹל gadol מִמְּךָ mimeja בְּעֵינֶיךָ beeineja, וְאִם veim וְחָכָם jajam אוֹ o עָשִׁיר ashir הוּא hu, עָלֶיךָ aleja לְכַבְּדוֹ lejabedó. וְאִם veim רָשׁ rash הוּא hu, וְאַתָּה veatá עָשִׁיר ashir אוֹ o וְחָכָם jajam מִמֶּנּוּ mimenu, וְחָשׁוֹב jashov בְּלִבְּךָ belibja כִּי qui אַתָּה atá חַיָּב jayav מִמֶּנּוּ mimenu וְהוּא vehú זַכַּאי zacai מִמָּךְ mimaj, שֶׁאִם sheim הוּא hu חוֹטֵא joté הוּא hu שׁוֹגֵג shogueg וְאַתָּה veatá מֵזִיד mezid. בְּכָל bejol דְּבָרֶיךָ devareja וּמַעֲשֶׂיךָ umaaseja וּמַחְשְׁבוֹתֶיךָ umajshevoteja וּבְכָל uvejol עֵת et, וְחָשׁוֹב jashov בְּלִבְּךָ belibaj כְּאִלּוּ queílu אַתָּה atá עוֹמֵד omed לִפְנֵי lifnei קָדוֹשׁ Kadosh בָּרוּךְ Baruj הוּא Hu, וּשְׁכִינָתוֹ uShjinató עָלֶיךָ aleja, כִּי qui כְּבוֹדוֹ quevodó מָלֵא malé הָעוֹלָם haolam, וּדְבָרֶיךָ udevareja יִהְיוּ yihyú בְּאֵימָה beeimá וּבְיִרְאָה uveyirá כְּעֶבֶד queéved לִפְנֵי lifnei רַבּוֹ rabó, וְתִתְבַּיֵּשׁ vetitbayesh מִכָּל micol אָדָם adam, וְאִם veim יִקְרָאֲךָ yikraajá אִישׁ ish אַל al תַּעֲנֵהוּ taanehu בְּקוֹל becol רָם ram, רַק rak בְּנַחַת benájat כְּעוֹמֵד queomed לִפְנֵי lifnei רַבּוֹ rabó.

Considera a todo el mundo como más que tú. Si él es sabio o rico, debes darle respeto. Si él es pobre y tú eres más rico o más sabio que él, considérate (en tu corazón) que eres más culpable que él, y que él es más inocente que tú, dado que cuando él peca lo hace por error, ¡mientras que tú lo haces deliberadamente! En todas tus palabras, en todas tus acciones, en todos tus pensamientos y en toda hora, considera en tu corazón como si estuvieras de pie ante el Santísimo, Bendito sea Él, y Su Shejiná está encima de ti, porque Su gloria llena el mundo entero. Habla con temor y sobrecogimiento, como un esclavo ante su amo. Actúa con templanza ante todo el mundo. Cuando alguien te llame, no contestes en voz alta, sino suavemente, como alguien de pie ante su amo.

LA CARTA DEL RAMBÁN

וִיהִי vehevei זָהִיר zahir לִקְרוֹת likrot בָּעִיּוּן ba'ora תָּמִיד tamid
אֲשֶׁר asher תּוּכַל tujal לְקַיְמָהּ lekaymá, וְכַאֲשֶׁר vejaasher תָּקוּם takum
מִן min הַסֵּפֶר haséfer, תְּחַפֵּשׂ tejapés בַּאֲשֶׁר baasher לָמַדְתָּ lamádeta אִם im
יֵשׁ yesh בּוֹ bo דָּבָר davar אֲשֶׁר asher תּוּכַל tujal לְקַיְּמוֹ lekayemó,
וּתְפַשְׁפֵּשׁ utefashpesh בְּמַעֲשֶׂיךָ bemaaseja בַּבֹּקֶר babóker וּבָעֶרֶב uvaérev,
וּבָזֶה uvazé יִהְיוּ yihyú כָּל col יָמֶיךָ yameja בִּתְשׁוּבָה bitshuvá.
וְהָסֵר vehaser כָּל col דִּבְרֵי divrei הָעוֹלָם haolam מִלִּבְּךָ milibeja בְּעֵת beet
הַתְּפִלָּה hatefilá, וְהָכֵן vehajén לִבְּךָ libeja לִפְנֵי lifnei הַמָּקוֹם haMakom
בָּרוּךְ Baruj הוּא Hu, וְטַהֵר vetaher רַעְיוֹנֶיךָ raayoneja, וַחֲשׁוֹב vajashov
הַדִּבּוּר hadibur קֹדֶם kodem שֶׁתּוֹצִיאֵנוּ shetotsienu מִפִּיךָ mipija,
וְכֵן vején תַּעֲשֶׂה taasé כָּל col יְמֵי yemei וְחַיֵּי jayei הֶבְלֶךָ hevleja
בְּכָל bejol דָּבָר davar וְדָבָר vedavar וְלֹא veló תֶחֱטָא tejetá.

La Torá siempre debe ser aprendida diligentemente, de modo que seas capaz de cumplir sus mandamientos. Cuando te levantes de tu aprendizaje reflexiona cuidadosamente acerca de lo que has estudiado, a fin de ver qué hay en ello que puedas poner en práctica. Examina tus acciones cada mañana y cada noche, y de esta manera en todos tus días habrá Teshuvá (arrepentimiento). Durante tus rezos, elimina todas las preocupaciones mundanas de tu corazón. Prepara tu corazón ante el Señor, purifica tus pensamientos y piensa en lo que vas a decir antes de sacarlo de tu boca. Y si sigues esto en todas tus acciones diarias, no pecarás.

umaaseja וּבְמַעֲשֶׂיךָ	devareja דְּבָרֶיךָ	yihyú יִהְיוּ	uvazé וּבָזֶה	
utefilatjá וּתְפִלָּתְךָ	yesharim יְשָׁרִים,	umajshevoteja וּמַחְשְׁבוֹתֶיךָ		
umejuvénet וּמְכֻוֶּנֶת	unekiyá וּנְקִיָּה	uvará וּבָרָה	zacá זַכָּה	tihyé תִּהְיֶה
Hu הוּא,	Baruj בָּרוּךְ	haMakom הַמָּקוֹם	lifnei לִפְנֵי	umekubélet וּמְקֻבֶּלֶת
ozneja אָזְנֶךָ.	takshiv תַּקְשִׁיב	libam לִבָּם	tajín תָּכִין	sheneemar שֶׁנֶּאֱמַר:
ajat אַחַת	paam פַּעַם	hazot הַזֹּאת	haiguéret הָאִגֶּרֶת	tikrá תִּקְרָא
velaléjet וְלָלֶכֶת	lekaymá לְקַיְּמָהּ	tifjot תִּפְחוֹת,	veló וְלֹא	bashavúa בַּשָּׁבוּעַ
yitbarej יִתְבָּרֵךְ,	haShem הַשֵּׁם	ajar אַחַר	tamid תָּמִיד	ba בָּהּ
vetizqué וְתִזְכֶּה	derajeja דְּרָכֶיךָ	bejol בְּכָל	tatslíaj תַּצְלִיחַ	lemaan לְמַעַן
latsadikim לַצַּדִּיקִים.	hatsafún הַצָּפוּן	habá הַבָּא	laolam לְעוֹלָם	
yaanuja יַעֲנוּךָ	shetikraena שֶׁתִּקְרָאֶנָּה	yom יוֹם	uvejol וּבְכָל	
al עַל	yaalé יַעֲלֶה	caasher כַּאֲשֶׁר	hashamáyim הַשָּׁמַיִם	min מִן
sela סֶלָה:	amén אָמֵן	olam עוֹלָם	ad עַד	lishol לִשְׁאוֹל	libjá לִבְּךָ

De esta manera todo lo que digas, hagas o pienses será lo correcto, y tu oración será pura, clara, limpia, devota y aceptable ante el Señor, bendito sea Él, como está escrito: "Cuando su corazón está dirigido a Ti, escúchales" (Salmos 10:17). Lee esta carta al menos una vez por semana y no descuides ningún aspecto de ella. Cumple con su contenido y, al hacerlo, camina con ella para siempre por los senderos del Señor, Bendito sea Él, de modo que tengas éxito en todo lo que hagas, y seas merecedor del Mundo por Venir que se encuentra escondido para los justos. Cada día que hayas de leer esta carta, el Cielo responderá conforme a los deseos de tu corazón eternamente. Amén, Sela.

Petijat Eliyahu – La Apertura del Profeta Elías

Recitar estos párrafos puede ayudarte a abrir tu corazón a la sabiduría espiritual.

וִיהִי vihí נֹעַם nóam אֲדֹנָי Adonai אֱלֹהֵינוּ Eloheinu עָלֵינוּ aleinu

וּמַעֲשֵׂה umaasé יָדֵינוּ yadeinu כּוֹנְנָה conená עָלֵינוּ aleinu

וּמַעֲשֵׂה umaasé יָדֵינוּ yadeinu כּוֹנְנֵהוּ conenehu׃

פָּתַח pataj אֵלִיָּהוּ Eliyahu הַנָּבִיא hanaví,

זָכוּר zajur

לְטוֹב letov

וְאָמַר veamar רִבּוֹן ribón עָלְמִין almín דְּאַנְתְּ deánt הוּא Hu וְחַד jad Hu הוּא וְלָא velá בְּחֻשְׁבָּן bejushbán, אַנְתְּ ant הוּא Hu עִלָּאָה ilaá עַל al כָּל col עִלָּאִין ilaín, סְתִימָא stimá עַל al כָּל col סְתִימִין stimín, לֵית let מַחֲשָׁבָה majashavá תְּפִיסָא tfisá בָּךְ baj כְּלָל clal. אַנְתְּ ant הוּא Hu דְּאַפֵּקְתְּ deapakt עֶשֶׂר éser תִּקּוּנִין tikunín, וְקָרֵינָן vekareinán לוֹן lon עֶשֶׂר éser סְפִירָן sefirán,

"Y pueda que la bondad del Señor, nuestro Dios, esté sobre nosotros y pueda que Él confirme la obra de nuestras manos y que la obra de nuestras manos Le confirme a Él" (Salmos 90:17). Elías abrió, diciendo: Maestro de los mundos, Tú eres Uno sin enumeración. Tú estás por encima de los más elevados, el más oculto de todos. Ningún pensamiento puede alcanzarte en absoluto. Tú eres aquél que produjo las diez emanaciones. Y nosotros las nombramos las diez Sefirot,

לְאַנְהָגָא leanhagá בְּהוֹן behón עָלְמִין almín סְתִימִין stimín דְּלָא delá
אִתְגַּלְיָן itgalyán וְעָלְמִין vealmín דְּאִתְגַּלְיָן deitgalyán. וּבְהוֹן uvhón
אִתְכַּסִּיאַת itcasiat מִבְּנֵי mibnei נָשָׁא nashá. וְאַנְתְּ veánt הוּא Hu
דְּקָשִׁיר dekashir לוֹן lon וּמְיַחֵד umeyajed לוֹן lon. וּבְגִין uveguín
דְּאַנְתְּ deánt מִלְּגָאו milgav כָּל col מַאן man דְּאַפְרִישׁ deafrish וָד jad
מִן min וְחַבְרֵיהּ javrei בְּאִלֵּין meilein עֶשֶׂר éser, אִתְחַשֵׁיב itjashiv לֵיהּ lei
כְּאִלּוּ queílu אַפְרִישׁ afrish בָּךְ baj. וְאִלֵּין veilein עֶשֶׂר éser סְפִירָן sefirán
אִינוּן inún אַזְלִין azlín כְּסִדְרָן quesidrán, וָד jad אָרִיךְ arij, וָד vejad
קָצֵר katser, וָד vejad בֵּינוֹנִי beinoní. וְאַנְתְּ veánt הוּא Hu
דְּאַנְהִיג deanhig לוֹן lon, וְלֵית veleit מַאן man דְּאַנְהִיג deanhig לָךְ laj.
לָא la לְעֵילָא leeilá, וְלָא velá לְתַתָּא letatá, וְלָא velá מִכָּל micol
סִטְרָא sitrá. לְבוּשִׁין levushín תַּקַּנְתְּ takant לוֹן lon, דְּמִנַּיְהוּ deminayhú
פַּרְחִין farjín נִשְׁמָתִין nishmatín לִבְנֵי livnei נָשָׁא nashá.

para conducir con ellas mundos oscuros que no están revelados, y mundos revelados. Y a través de ellas, Tú estás oculto de los seres humanos. Y Tú eres El que las conecta y las une. Y puesto que Tú eres del interior, así, todo aquel que separa a estas diez una de la otra para dar dominio a esa sola, se considera para él como si se separara en Ti. Y estas diez Sefirot siguen su orden, la una es larga, y una, es corta. Y la una es promedio. Y Tú las conduces, y no hay otro que Te lidere a Ti, ni Arriba, ni Abajo, ni tampoco en ningún otro lado. Tú preparaste vestimentas, desde las cuales las Neshamot vuelan hacia los seres humanos, y preparaste varios cuerpos.

וְכַמָּה vejamá גּוּפִין gufín תַּקָּנַת takant כּוֹן lon דְּאִתְקְרִיאוּ deitkriú
גּוּפָא gufá לְגַבֵּי legabei לְבוּשִׁין levushín דִּמְכַסְיָן dimjasyán
עֲלֵיהוֹן aleihón. וְאִתְקְרִיאוּ veitkriú בְּתִקּוּנָא betikuná דָּא da,
וָחֶסֶד Jésed דְּרוֹעָא deroá יְמִינָא yeminá, גְּבוּרָה Guevurá
דְּרוֹעָא deroá שְׂמָאלָא smalá, תִּפְאֶרֶת Tiféret גּוּפָא gufá, נֶצַח Nétsaj
וְהוֹד veHod תְּרֵין trein שׁוֹקִין shokín, יְסוֹד Yesod סִיּוּמָא siyumá
דְּגוּפָא degufá אוֹת ot בְּרִית brit קֹדֶשׁ kódesh. מַלְכוּת Maljut פֶּה pe
תּוֹרָה Torá שֶׁבְּעַל shebeal פֶּה pe. כְּלָּה la קָרֵינָן kareinán. וְחָכְמָה Jojmá
מוֹחָא mojá, אִיהוּ ihú מַחֲשָׁבָה majashavá מִלְּגָאו milgav, בִּינָה Biná
לִבָּא libá וּבָהּ uvá הַלֵּב halev
מֵבִין mevín וְעַל veal אִלֵּין ilein תְּרֵין trein כְּתִיב quetiv:
הַנִּסְתָּרֹת hanistarot לַיהֹוָה laAdonai אֱלֹהֵינוּ Eloheinu

Y éstas se llaman cuerpos en relación con la vestimenta, en la que están ataviadas. Las Sefirot reciben su nombre por esta enmendación, siendo Jésed el brazo derecho, Guevurá siendo el brazo izquierdo. Tiféret significa el cuerpo. Nétsaj y Hod los dos muslos, Yesod la parte final del cuerpo, el signo de la Alianza Sagrada, Maljut, la boca, la llamamos la Torá Oral. Jojmá es el cerebro, el pensamiento interior. Biná es el corazón, y a través de ella el corazón entiende. Y acerca de estos dos, está escrito: "Las cosas secretas pertenecen al Señor nuestro Dios" (Deuteronomio 29:28).

PETIJAT ELIYAHU – LA APERTURA DEL PROFETA ELÍAS

אִיהוּ ihú, עֶלְיוֹן elyón (באתב"ש גאל) יהוה מלך יהוה מלך יהוה ימלוך לעולם ועד Kéter כֶּתֶר

בְּמַלְכוּת Maljut. (באתב"ש גאל) יהוה מלך יהוה מלך יהוה ימלוך לעולם ועד Kéter כֶּתֶר

מֵרֵאשִׁית mereshit מַגִּיד maguid פהל אִתְּמַר itmar: vealei וְעָלֵיהּ

דִתְפִלֵּי ditfilei קַרְקַפְתָּא karkaftá veihú וְאִיהוּ ajarit אַחֲרִית

וְאוֹת veot הֵ"א He יוֹ"ד Yud ot אוֹת ihú אִיהוּ milgav מִלְגָּאו

אֲצִילוּת atsilut, אֹרַח óraj דְאִיהוּ deihú, הֵ"א He וְאוֹת veot Vav וָא"ו

וְעַנְפוֹי veanpoi, bidrooi בְּדְרוֹעוֹי deilaná דְאִילָנָא shakyú שָׁקְיוּ ihú אִיהוּ

וְאִתְרַבֵּי veitrabei leilaná לְאִילָנָא deashkei דְאַשְׁקֵי quemayá כְּמַיָא

עָלְמִין almín, ribón רִבּוֹן יהוה ע"ב ס"ג מ"ה ב"ן shakyú שָׁקְיוּ behahú בְּהַהוּא

הַסִבּוֹת hasibot, vesibat וְסִבַּת hailot הָעִלּוֹת ilat עִלַּת Hu הוּא ant אַנְתְּ

נְבִיעוּ neviú, behahú בְּהַהוּא leilaná לְאִילָנָא deashkei דְאַשְׁקֵי

לְגוּפָא legufá, quenishmetá כְּנִשְׁמְתָא ihú אִיהוּ neviú נְבִיעוּ vehahú וְהַהוּא

legufá לְגוּפָא ע"ה בינה יהוה, אהיה אהיה jayim וְחַיִּים deihí דְאִיהִי.

El Kéter Celestial es la corona de Maljut. Y sobre esto está dicho: "Que declaro el fin desde el principio" (Isaías 46:10). Y ese es el cráneo del Tefilín. Dentro está Yud-Vav-Dálet, Hei-Álef, Vav-Álef-Vav, Hei-Álef, que está en el camino de Atsilut. Es el riego del árbol en sus brazos y sus ramas, como aguas que riegan ese árbol y se multiplica por este riego. Maestro de los Mundos, Tú eres la Causa de todas las Causas, y la Razón de todas las Razones, que riega el árbol por ese arroyo, y ese manantial es como un alma para el cuerpo, que es la vida del cuerpo.

PETIJAT ELIYAHU – LA APERTURA DEL PROFETA ELÍAS

uvaj וּבָךְ	leit לֵית	dimyón דִּמְיוֹן,	veleit וְלֵית	diyukná דְיוּקְנָא,
micol מִכָּל	ma מַה	dilgav דִּלְגָאו	ulevar וּלְבַר.
uvarata וּבָרָאתָ	shmayá שְׁמַיָּא	veará וְאַרְעָא,	veapakt וְאַפְקַתְּ
minehón מִנְּהוֹן	shimshá שִׁמְשָׁא	vesihará וְסִיהֲרָא	vejojvayá וְכֹכְבַיָּא
umazalei וּמַזָּלֵי.	uveará וּבְאַרְעָא,	ilanín אִילָנִין	udshaín וְדִשְׁאִין
veguintá וְגִנְּתָא	deéden דְעֵדֶן	veisbín וְעִשְׂבִּין	vejeiván וְחֵיוָן
veofin וְעוֹפִין	venunín וְנוּנִין	uveirín וּבְעִירִין	uvnei וּבְנֵי	nashá נָשָׁא.
leishtemodea לְאִשְׁתְּמוֹדְעָא	behón בְּהוֹן	ilaín עִלָּאִין,
veeij וְאֵיךְ	yitnahagún יִתְנַהֲגוּן	behón בְּהוֹן	ilaín עִלָּאִין	vetataín וְתַתָּאִין.
veeij וְאֵיךְ	ishtemodeán אִשְׁתְּמוֹדְעָן	meilaei מֵעִלָּאֵי	vetataei וְתַתָּאֵי.
veleit וְלֵית	deyadá דְיָדַע	baj בָּךְ	clal כְּלָל,	uvar וּבַר
minaj מִנָּךְ	leit לֵית	yijudá יִחוּדָא	beilaei בְּעִלָּאֵי	vetataei וְתַתָּאֵי,
veant וְאַנְתְּ	ishtemodá אִשְׁתְּמוֹדַע	adón אָדוֹן	al עַל	colá כֹּלָּא.

Y no hay semejanza ni parecido Contigo ni desde adentro ni afuera. Y Tú creaste el Cielo y la Tierra y de éstos produjiste el Sol y la Luna y las estrellas y las constelaciones. Y en la Tierra, árboles y hierbas, y el Jardín de Edén, y las plantas y los animales y las aves y los peces y los seres humanos, para a través de ellos reconocer a los elevados, y cómo los superiores y los inferiores se comportan. Y cómo los inferiores reconocen alcanzar a los superiores; y en Ti, no hay absolutamente nadie que sea conocedor. Y aparte de tu unificación, no hay tal unidad única en los superiores y los inferiores, y Tú eres reconocido como el Maestro por encima de todo.

PETIJAT ELIYAHU – LA APERTURA DEL PROFETA ELÍAS

וְכָל vejol יְלֵי סְפִירָן sefirán, כָּל יְלֵי col וַד jad אִית it לֵיהּ lei שֵׁם shem
יְדִיעַ yediá, וּבְהוֹן uvhón אִתְקְרִיאוּ itkriú מַלְאָכַיָּא malajayá.
וְאַנְתְּ veánt לֵית leit לָךְ laj שֵׁם shem יְדִיעַ yediá, דְּאַנְתְּ deánt הוּא Hu
מְמַלֵּא memalé כָּל col יְלֵי שְׁמָהָן shemahán, וְאַנְתְּ veánt הוּא Hu
שְׁלִימוּ shlimú דְּכֻלְּהוּ dejulhú, וְכַד vejad אַנְתְּ ant תִּסְתַּלֵּק tistalak
מִנְּהוֹן minehón אִשְׁתָּאֲרוּ ishtearú כֻּלְּהוּ culhú שְׁמָהָן shemahán
כְּגוּפָא quegufá בְּלָא belá נִשְׁמְתָא nishmatá. אַנְתְּ ant וְזָכִים jaquím
וְלָאו velav בְּחָכְמָה beJojmá בְּמִלּוּי = תרי"ג (מצוות) יְדִיעָא yediá. אַנְתְּ ant
הוּא Hu מֵבִין mevín, וְלָאו velav בְּבִינָה miBiná ע"ה וזיים, אהיה יהוה
יְדִיעָא yediá. לֵית leit לָךְ laj אֲתַר atar יְדִיעָא yediá.
אֶלָּא elá לְאִשְׁתְּמוֹדְעָא leishtemodea תָּקְפָּךְ tukfaj
וְחֵילָךְ vejeilaj לִבְנֵי livnei נָשָׁא nashá, וּלְאַחֲזָאָה uleajzaá
לוֹן lon, אֵיךְ eij אִתְנְהִיג itnehig עָלְמָא almá בְּדִינָא vediná
וּבְרַחֲמֵי uverajamei, דְּאִינּוּן deinún צֶדֶק tsédek וּמִשְׁפָּט umishpat
כְּפוּם quefum ע"ה ה"פ אלהים עוֹבָדֵיהוֹן ovadeihón דִּבְנֵי divnei נָשָׁא nashá.

Cada una de las Sefirot tiene un nombre reconocible, suyo propio. Y por ellas los ángeles reciben sus nombres. Sin embargo Tú no tienes un nombre conocido. Tú eres Él, quien llena todos los nombres. Y eres Tú quien completas a todos ellos. Y cuando Tú te alejas de ellos, todos los nombres quedan como cuerpo sin alma. Tú eres sabio, pero no de sabiduría conocida. Tú entiendes, pero no con ningún entendimiento conocido. Y Tú no ocupas ningún lugar conocido para que así los humanos perciban Su fuerza y poder y para mostrarles cómo se conduce el mundo con justicia y misericordia que son la rectitud y el juicio justo, de acuerdo a las acciones de los inferiores.

PETIJAT ELIYAHU – LA APERTURA DEL PROFETA ELÍAS

דִּין, din, **נִיְיהוּ** לוּ גְּבוּרָה Guevurá רִ״ל. מִשְׁפָּט mishpat ע״ה ה״פ אלהים
עַמּוּדָא amudá דְּאֶמְצָעִיתָא deemtsaitá. צֶדֶק tsédek, מַלְכוּתָא maljutá
קַדִּישָׁא kadishá. מֹאזְנֵי moznei צֶדֶק tsédek, תְּרֵין trein סָמְכֵי samjei
קְשׁוֹט keshot. הִין hin צֶדֶק tsédek, אוֹת ot בְּרִית brit. כֹּלָּא culá
לְאַחֲזָאָה leajzaá אֵיךְ eij אִתְנְהִיג itnehig עָלְמָא almá.
אֲבָל aval לָאו lav דְּאִית deit לָךְ laj צֶדֶק tsédek יְדִיעָא yediá
דְּאִיהוּ deihú דִּין din, וְלָאו velav מִשְׁפָּט mishpat ע״ה ה״פ אלהים יְדִיעָא yediá
דְּאִיהוּ deihú רַחֲמֵי rajamei, וְלָאו velav מִכָּל micol אִלֵּין ilein
מִדּוֹת midot כְּלָל clal. קוּם kum רַבִּי Ribí שִׁמְעוֹן Shimón
וְיִתְחַדְּשׁוּן veyitjadshún מִלִּין milín עַל al יְדָךְ yedaj, דְּהָא dehá
רְשׁוּתָא reshutá אִית it לָךְ laj לְגַלָּאָה legalaá רָזִין razín טְמִירִין temirín
עַל al יְדָךְ yedaj מַה ma מ״ה דְּלָא delá אִתְיְהִיב ityehiv רְשׁוּ reshú
לְגַלָּאָה legalaá לְשׁוּם leshum בַּר bar נָשׁ nash עַד ad כְּעַן queán.

Juicio es Guevurá, el proceso judicial es la Columna Central, la Rectitud: el Maljut Sagrado; las balanzas justas son dos soportes de la verdad. Una unidad de cinco litros (heb. hin) verdaderamente medida es este símbolo de la alianza de Yesod. Todo para mostrar el liderazgo del mundo, pero no es como si hubiera cierta justicia que es estrictamente sentenciosa, ni cierto juicio justo que sea estrictamente de misericordia, o de alguno de estos atributos, en absoluto. Levántate, Rav Shimón y deja que nuevas ideas lleguen a través de ti, pues tienes permiso, de que a través de tí misterios oscuros se revelen, porque el permiso no le fue concedido a ninguna persona hasta ahora para revelarlos.

kam קָם Ribí רַבִּי Shimón שִׁמְעוֹן, pataj פָּתַח וְאָמַר veamar ׃ לָךְ lejá
Adonai יְהֹוָה haGuedulá הַגְּדֻלָּה vehaGuevurá וְהַגְּבוּרָה רי"י
vehaTiféret וְהַתִּפְאֶרֶת vehaNétsaj וְהַנֵּצַח vehaHod וְהַהוֹד ההה
qui כִּי jol כֹל ילי bashamáyim בַּשָּׁמַיִם י"פ טל, י"פ כוזו uvaárets וּבָאָרֶץ
lejá לְךָ Adonai יְהֹוָה hamamlajá הַמַּמְלָכָה וְגוֹ' vegomer,
(Aquí debes dar tres monedas a caridad) ilaín עִלָּאִין shmaú שְׁמָעוּ, inún אִינוּן
demijín דְּמִכִין deJevrón דְּחֶבְרוֹן veRaayá וְרַעְיָא Meheimná מְהֵימְנָא,
itarú אִתְעָרוּ mishnatjón מִשְּׁנַתְכוֹן ♦ hakitsu הָקִיצוּ veranenú וְרַנְּנוּ
shojnei שׁוֹכְנֵי afar עָפָר, ilein אִלֵּין inún אִנּוּן tsadikaya צַדִּיקַיָּא,
deinún דְּאִנּוּן misitrá מִסִּטְרָא dehahú דְּהַהוּא deitmar דְּאִתְּמַר ba בַּהּ:
aní אֲנִי yeshená יְשֵׁנָה velibí וְלִבִּי er עֵר, velav וְלָאו inún אִנּוּן
metim מֵתִים, uveguín וּבְגִין da דָּא itmar אִתְּמַר vehón בְּהוֹן hakitsu הָקִיצוּ
veranenú וְרַנְּנוּ vegomer וְגוֹ' ♦ Raayá רַעְיָא Meheimná מְהֵימְנָא, ant אַנְתְּ
vaavahán וַאֲבָהָן, hakitsu הָקִיצוּ veranenú וְרַנְּנוּ leitarutá לְאִתְעֲרוּתָא
dishjintá דִּשְׁכִינְתָּא deihí דְּאִיהִי yeshená יְשֵׁנָה vegalutá בְּגָלוּתָא ♦

Rav Shimón se levantó, abrió y dijo: "Tuyos son, Señor, la grandeza y el poder..." (I Crónicas 29:11). Escuchen, Supremos, aquellos que descansan en Jevrón, y el Pastor Fiel, sean liberados de su sueño. "Despierten y canten, ustedes que moran en polvo" (Isaías 26:19). Son aquellos justos que son de este aspecto sobre el cual se dice: "Yo duermo, pero mi corazón vela" (Cantar de los cantares 5:2). Y ellos no están muertos, por lo tanto dice de ellos: "Despierten y canten..." Pastor Fiel, tú y los Patriarcas, despiértense y canten al despertar de la Shejiná que duerme en el exilio,

PETIJAT ELIYAHU – LA APERTURA DEL PROFETA ELÍAS

דֵּינַד dead כְּעַן queán צַדִּיקַיָּא tsadikaya כֻּלְּהוּ culhú דְּמִיכִין demijín
וְשִׁנְתָא veshintá בְּחוֹרֵיהוֹן vejoreihón מִיָּד miyad יְהִיבַת yahivat
שְׁכִינְתָּא Shejintá תְּלַת telat קָלִין kalín לְגַבֵּי legabei רַעְיָא Raayá
מְהֵימְנָא Meheimná וְיֵימָא veyimá לֵיהּ lei קוּם kum רַעְיָא Raayá
מְהֵימְנָא Meheimná, דְּהָא dehá עֲלָךְ alaj אִתְּמַר itmar קוֹל col
דּוֹדִי dodí דּוֹפֵק dofek מנך legabai, בְּאַרְבַּע bearbá אַתְוָן atván
דִּילֵיהּ dilei וְיֵימָא veyimá בְּהוֹן vehón פִּתְחִי pitjí לִי li אֲחוֹתִי ajotí
רַעְיָתִי raayatí יוֹנָתִי yonatí תַּמָּתִי tamatí. דְּהָא dehá תַּם tam עֲוֹנֵךְ avonej
בַּת bat צִיּוֹן Tsiyón יוסף, ו' הוויות, קנאה לֹא lo יוֹסִיף yosif לְהַגְלוֹתֵךְ lehaglotej.
שֶׁרֹאשִׁי sheroshí נִמְלָא nimlá טָל tal יוד הא ואו, כזוי מַאי mai נִמְלָא nimlá
טָל tal יוד הא ואו, כזוי אֶלָּא elá אָמַר amar קֻדְשָׁא Kudshá בְּרִיךְ Berij
הוּא Hu, אַנְתְּ ant וְשָׁבַתְּ jashavt דְּמִיּוֹמָא demiyomá
דְּאִתְחֲרַב deitjarav בֵּי bei מַקְדְּשָׁא makdeshá דְּעָאלְנָא dealná
בְּבֵיתָא beveitá דִּילִי dilí וְעָאלְנָא vealná בְּיִשׁוּבָא veyishuvá,

ya que hasta ahora todos los justos están durmiendo, y el sueño está en las cavernas. Instantáneamente, la Shejiná emite tres sonidos hacia el Pastor Fiel, y le dice a él: "Levántate Pastor Fiel. Puesto que de ti se dijo: 'Escucha, mi amado está llamando'" (Ibid) por mí, con Sus cuatro letras. Y él dirá con ellos: "Ábrete a mi, hermana mía, mi amada, paloma mía, perfecta mía" (Ibid). Puesto que, "El castigo de tu iniquidad se ha completado, hija de Sión; Él no te llevará más al exilio" (Lamentaciones 4:22). "Porque mi cabeza está llena de rocío" (Cantar de los Cantares 5:2). Él pregunta: "¿Qué significa 'llena de rocío'?" Pero el Santísimo, Bendito sea Él, dijo: ¿Tú piensas que desde el día de la destrucción del Templo, Yo entré en Mi propia morada, y entré en el asentamiento?

PETIJAT ELIYAHU – LA APERTURA DEL PROFETA ELÍAS

לָאו lav, הֲכִי hají, דְּלָא delá עָאלְנָא alna כָּל col יְלִי זִמְנָא zimná

דְאַנְתּ deánt בְּגָלוּתָא begalutá, הֲרֵי harei לָךְ laj סִימָנָא simaná

שֶׁרֹאשִׁי sheroshí נִמְלָא nimlá טָל tal יוד הא ואו, כווו. הֵ"א He,

שְׁכִינְתָּא Shejintá בְּגָלוּתָא begalutá, שְׁלִימוּ shlimú דִּילָהּ dilá

וְחַיָּיו vejayim אהיה אהיה יהוה, בינה ע״ה דִּילָהּ dilá, אִיהוּ ihú טָל tal יוד הא ואו, כווו.

וְדָא vedá אִיהוּ ihú אוֹת ot יוֹ"ד Yod וְאוֹת veot הֵ"א He וְאוֹת veot

וָא"ו Vav. וְאוֹת veot הֵ"א He אִיהִי ihí שְׁכִינְתָּא Shejintá, דְּלָא delá

מִתְחַשְׁבָּן mejushbán טָ"ל tal יוד הא ואו, כוו. אֶלָּא elá יוֹ"ד Yod הֵ"א He

וָא"ו Vav, דְּסַלִּיקוּ disliku אַתְוָון atván לְחוּשְׁבָּן lejushbán טָ"ל tal יוד הא ואו,

כוו. דְּאִיהוּ deihú מַלְיָא malyá לִשְׁכִינְתָּא lishjintá, מִנְּבִיעוּ mineviú

דְכָל dejol יְלִי מְקוֹרִין mekorín עִלָּאִין ilaín. מִיָּד miyad קָם kam

רַעְיָא Raayá מְהֵימְנָא Meheimná, וַאֲבָהָן vaavahán קַדִּישִׁין kadishín

עִמֵּיהּ imei. עַד ad כָּאן can רָזָא razá דְיִחוּדָא deyijudá.

No es así, pues no he entrado ya que ustedes están en exilio. Y he aquí su prueba: "Puesto que mi cabeza está llena de rocío". Hei-Álef es la Shejiná, y ella está en exilio. Su perfección, y su vida es el rocío (Heb. tal = 39), y éste es Yud-Vav-Dálet, Hei-Álef, Vav-Álef-Vav numéricamente "tal" (=39). Y el Hei-Álef, la Shejiná, no estaba en el juicio de "tal", sólo la Yud-Vav-Dálet, Hei-Álef, Vav-Álef-Vav, que equivalen a "tal". Y es Él quien llena la Shejiná de la fuente de todas las fuentes Celestiales. El Pastor Fiel se levantó inmediatamente, y los sagrados Patriarcas con él. Hasta aquí los misterios de la unificación.

PETIJAT ELIYAHU – LA APERTURA DEL PROFETA ELÍAS

בָּרוּךְ Baruj יְהֹוָה‎אהדונהי Adonai לְעוֹלָם leolam רִיבּוּעַ דס"ג וי' אותיות דס"ג

אָמֵן Amén יאהדונהי וְאָמֵן veAmén יאהדונהי ; ר"ת לאו:

וִיהֵא veyehé רַעֲוָא raavá מִן min קֳדָם kodam עַתִּיקָא atiká

קַדִּישָׁא kadishá דְּכָל dejol ילי קַדִּישִׁין kadishín טְמִירָא temirá

דְּכֹל dejol ילי טְמִירִין temirín סְתִימָא stimá דְּכֹלָּא dejolá,

דְיִתְמְשַׁךְ deyitmeshaj טַלָּא talá עִלָּאָה ilaá מִנֵּיהּ minei לְבַלְיָא lemalyá

רֵישֵׁיהּ reshei דִּזְעֵיר diZeir אַנְפִּין Anpín וּלְהַטִּיל ulehatil לַוְזִקַל lajakal

אהיה יהוה אדני, מנוח (שמו על משיחו) תַּפּוּזִין tapujín קַדִּישִׁין kadishín

בִּנְהִירוּ binhirú דְּאַנְפִּין deanpín בְּרַעֲוָא beraavá וּבְחֶדְוָתָא ubjedvatá

דְּכֹלָּא dejolá ♦ וְיִתְמְשַׁךְ veyitmeshaj מִן min קֳדָם kodam עַתִּיקָא atiká

קַדִּישָׁא kadishá דְּכָל dejol ילי קַדִּישִׁין kadishín טְמִירָא temirá

דְּכֹל dejol ילי טְמִירִין temirín סְתִימָא stimá דְּכֹלָּא dejolá ♦

רְעוּתָא reutá וְרַחֲמֵי verajamei וְחִנָּא jiná וְחַסְדָּא vejisdá

בִּנְהִירוּ binhirú עִלָּאָה ilaá בִּרְעוּתָא bireutá וְחֶדְוָה vejedvá

"¡Bendito sea el Señor por siempre, Amén y Amén!" (Salmos 89:53). Y pueda que sea agradable ante el Santísimo Atiká, el escondido de todos y el más oculto, que un rocío divino será atraído de él para llenar la cabeza de Zeir Anpín, y para que caiga Jakal Tapujíin Kadishín de su cara brillante con deseo y felicidad para todos. Y también será atraído del Santo de los santos Atiká, el escondido de todos y el más oculto voluntariamente, misericordia, gracia, benevolencia con iluminación celestial con deseo y felicidad,

veal וְעַל ב"פ ראה veití בֵּיתִי bnei בְּנֵי עמם ; ילי col כָּל veal וְעַל alai עָלַי

amei עַמֵּיהּ Yisrael יִשְׂרָאֵל bnei בְּנֵי עמם ; ילי col כָּל

bishín בִּישִׁין aktín עָקְתִין ילי micol מִכָּל veyifrekinán וְיִפְרְקִינָן

veyityehiv וְיִתְיְהִיב veyazmín וְיַזְמִין lealmá לְעָלְמָא deyetún דְּיֵיתוּן

jiná חִנָּא nafshataná נַפְשָׁתָנָא אדני יה ulejol וּלְכָל laná לָנָא

revijei רְוִיחֵי umezonei וּמְזוֹנֵי arijei אֲרִיכֵי vejayei וְחַיֵּי vejisdá וְחִסְדָּא

יאהדונהי Amén אָמֵן kodamei קֳדָמֵיהּ min מִן verajamei וְרַחֲמֵי

ע"ה אל שדי ע"ה מהש ע"ה, ע"ב בריבוע ויקס"א ע"ה, ratsón רָצוֹן yehí יְהִי quen כֵּן

אָמֵן יאהדונהי Amén veAmén וְאָמֵן יאהדונהי:

para mí y para mi hogar, y para todo Tu pueblo, Israel. Y él nos salvará de todos los incidentes negativos que existen en nuestro mundo. Y él traerá y nos dará a nosotros y al resto de la gente, gracia y benevolencia, una vida larga y sustento, bienestar y misericordia de su presencia. Amén, que así sea. Amén y Amén.

De acuerdo con la sabiduría de la Kabbalah, la purificación espiritual nos permite conectar con los niveles más elevados de la Energía Divina y de Luz. Cada vez que nos comportamos de forma negativa y reactiva, construimos otra capa de oscuridad a nuestro alrededor. Estas capas se denominan *klipot* ("cáscaras") y nos separan de la Luz. La eliminación de esas cáscaras que cubren nuestras almas conlleva a la purificación espiritual de nuestro cuerpo. Nuestra salud, iluminación y buena fortuna personal aumentan en igual medida a la cantidad de purificación que logramos. Por este motivo, los antiguos sabios recomendaban el uso de una poderosa y profunda herramienta de purificación: la *mikve*, o inmersión.

La *mikve* es una piscina de agua viva. Las aguas en la *mikve* del Centro de Kabbalah son aguas vivas extraídas de pozos subterráneos. Se dice que todos los pozos de la Tierra están interconectados.

El agua es la expresión física de la Luz del Creador. Posee auténticas propiedades mágicas. La Kabbalah enseña que el agua contiene la clave para la curación, la longevidad, la regeneración e incluso la inmortalidad.

De esta manera, cuando nos sumergimos en la *mikve* estamos sumergiendo nuestro cuerpo y nuestra alma en las mismas aguas puras que fluían hacia la *mikve* de Rav Isaac Luria. También nos estamos conectando con las mismas aguas sagradas de Shilóaj, en Jerusalén, que eran utilizadas por los Sumos Sacerdotes del Templo hace más de mil años.

La carga positiva de la *mikve* elimina hasta 400 niveles de negatividad. Según la tecnología de la Kabbalah, las dimensiones de una *mikve* deben ser de 40 *seá* (*seá* es una antigua medida que equivale al tamaño de 144 huevos). Cada *seá* nos ayuda a purificar 10 niveles de negatividad (40 x 10 = 400 niveles de negatividad). La *mikve* puede contrarrestar las fuerzas de la muerte al imbuirnos con el poder primordial de la vida. Los bloqueos espirituales se limpian a medida que la sanación fluye por todo nuestro ser.

Los kabbalistas recomiendan entrar en la *mikve* tan a menudo como sea posible.

Debemos sumergirnos 11 veces bajo el agua. La primera inmersión activa el proceso de eliminación de toda la negatividad. Entonces, antes de la primera inmersión recitamos lo siguiente:

oyveja אֹיְבֶיךָ veyafutsu וְיָפֻצוּ Adonai יְהֹוָה (אדניאהדונהי) | קנ"א (מקוה) kuma קוּמָה
ב"ן מ"ה ס"ג mipaneja מִפָּנֶיךָ mesaneja מְשַׂנְאֶיךָ veyanusu וְיָנֻסוּ

Levántate, Señor. Deja que Tus enemigos se esparzan y deja que aquellos que Te odian huyan ante Ti.

Medita en que te rodea la Luz de *Jasadim* (misericordia) para destruir el sistema impuro.

Recita el primer verso del *Aná Bejóaj*:

Jésed *(Álef Bet Guímel Yud Tav Tsadi)* אבג יתץ

yemineja יְמִינֶךָ guedulat גְּדֻלַּת bejóaj בְּכֹחַ aná אָנָּא

tserurá צְרוּרָה tatir תַּתִּיר

Te suplicamos a Ti, con el gran poder de Tu diestra, desata a los cautivos.

Medita en las siguientes combinaciones de los 72 Nombres de Dios y el *Aná Bejóaj* para conectar con la energía de la *mikve* y elevar las chispas de Luz de las *klipot*.

יכש וזבו ילי וול נית עשל

Recita el Segundo verso del *Aná Bejóaj* y medita en desconectar el sistema receptivo:

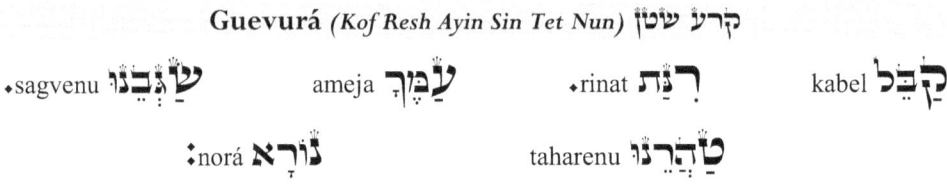

Guevurá *(Kof Resh Ayin Sin Tet Nun)* קרע שׂטן

kabel קַבֵּל ♦rinat רִנַּת ameja עַמְּךָ ♦sagvenu שַׂגְּבֵנוּ

♦norá נוֹרָא: taharenu טַהֲרֵנוּ

Acepta el canto de Tu Nación. Fortalécenos y purifícanos, Oh Poderoso.

Recita el siguiente verso y medita en eliminar la energía de la muerte:

veet וְאֶת־ rúaj רוּחַ hatumá הַטֻּמְאָה

aavir אַעֲבִיר min מִן־ ♦haárets הָאָרֶץ:

Y Yo haré que el espíritu impuro se desvanezca de la Tierra.

Entonces sumérgete por primera vez con la boca y los ojos abiertos.

Luego sumérgete diez veces más, una por cada una de las *Sefirot*[1]:
Kéter, Jojmá, Biná, Jésed, Guevurá, Tiféret, Nétsaj, Hod, Yesod y *Maljut.*

No hay límite en la cantidad de inmersiones que uno puede hacer. Cuantas más, mejor.

---

[1] Según la Kabbalah y la física moderna, hay diez dimensiones en nuestro universo. Los kabbalistas se refieren a estas diez dimensiones como *Sefirot* (en singular *Sefirá*), que significa "emanaciones". Los nombres de estas dimensiones de la más elevada a la más baja, son: *Kéter, Jojmá, Biná, Jésed, Guevurá, Tiféret, Nétsaj, Hod, Yesod* y *Maljut.* Las *Sefirot* funcionan como una serie de cortinas, cada una de las cuales a su vez disminuye y atenúa gradualmente la intensidad de la Luz que emana del Creador. Cuando la Luz alcanza su nivel más bajo (nuestro mundo de *Maljut*), queda oculta a nuestra percepción.

El Aná Bejóaj

El *Aná Bejóaj* es quizá la oración más poderosa en todo el universo. El Kabbalista del siglo II, Rav Najumyá ben Hakaná, fue el primer sabio en revelar esta combinación de 42 letras que engloba el poder de la creación.

El *Aná Bejóaj* es una fórmula única, construida por 42 letras distribuidas en siete frases, que nos proporciona la capacidad de trascender este mundo físico con todas sus limitaciones. Se conoce como el Nombre de Dios de 42 letras. El *Aná Bejóaj* puede eliminar literalmente todas las fricciones, barreras y obstáculos asociados con nuestra existencia física. Inyecta orden en el caos, elimina la influencia del Satán de nuestra naturaleza, genera sustento financiero, crea unidad y amor con los demás, y proporciona energía sanadora al cuerpo y la mente. Recitamos o escaneamos el *Aná Bejóaj* cada día, tantas veces como queramos.

Cuando utilizamos el *Aná Bejóaj* nos estamos conectando a estos cuatro elementos:

1) **Siete frases:** Las siete frases corresponden a las siete *Sefirot*, desde *Jésed* a *Maljut*. Aunque hay diez *Sefirot* en total, sólo las siete inferiores ejercen influencia en nuestro mundo físico. Al conectarnos a estas siete, obtenemos el control sobre el mundo físico.

2) **Letras del mes:** Avraham el Patriarca reveló los secretos astrológicos de las letras arameas y de los signos del Zodíaco en su tratado kabbalístico El Libro de la Formación (*Séfer Yetsirá*). Cada mes del año está gobernado por un planeta, y cada planeta tiene un verso correspondiente en el *Aná Bejóaj*; por lo tanto, también meditamos en el planeta y la letra aramea que creó tanto el planeta como el signo del Zodíaco de ese mes. (Ver tabla en página 59) Al hacerlo, nos conectamos con la energía positiva de cada planeta y no con su influencia negativa. Por ejemplo, la letra Aramea *Ayin* creó el signo de Capricornio, *Tevet*. Capricornio está gobernado por el planeta Saturno. La letra aramea que dio nacimiento a Saturno es *Bet*; por lo tanto, cada día durante el mes de *Tevet*, meditamos en las letras *Ayin* y *Bet*, y a continuación recitamos y meditamos en el primer verso del *Aná Bejóaj*.

3) **Corrección del alma** (*Tikún Hanéfesh*): A lo largo de la historia, los kabbalistas han utilizado esta meditación sanadora dos veces al día, siete días a la semana, para regenerar y revitalizar todos los órganos del cuerpo. Cuando llegamos a la frase del *Aná Bejóaj* que gobierna ese mes en particular, nos detenemos y meditamos en las letras del mes, y luego hacemos el *Tikún Hanéfesh*. (Ver página 60).

Utilizando la tabla como guía, coloca tu mano derecha sobre la parte del cuerpo en particular a la que estás canalizando energía. Observa la combinación de letras arameas para esa área específica del cuerpo en la que te estás enfocando, y permite que la Luz penetre a través de tu mano derecha en esa parte del cuerpo.

4) **Los ángeles del día:** Los ángeles son paquetes diferenciados de energía espiritual que actúan como un sistema de transporte para nuestras oraciones. Ellos transportan nuestras palabras y pensamientos hacia los Mundos Superiores. Hay una línea del *Aná Bejóaj* para cada día de la semana, y hay ángeles únicos que gobiernan cada día. (Ver páginas 62-66).

❶   **Jésed**, Domingo *(Álef Bet Guímel Yud Tav Tsadi)* אבג יתץ

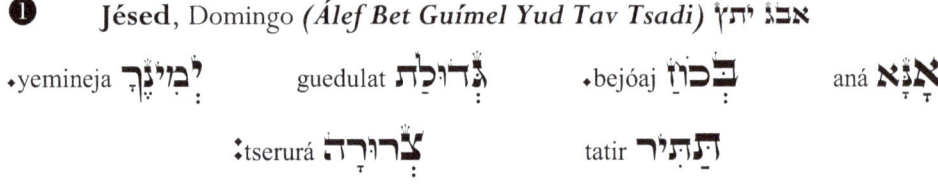

Te suplicamos a Ti, con el gran poder de Tu diestra, desata a los cautivos.

Meditación: Poder de redención. Amor incondicional. Eliminamos la influencia negativa de la materia física de nuestras vidas. Conectamos con la realidad del Árbol de la Vida. Recordamos las lecciones de ayer.

❷   **Guevurá**, Lunes *(Kof Resh Ayin Sin Tet Nun)* קרע שטן

Acepta el canto de Tu Nación. Fortalécenos y purifícanos, Oh Poderoso.

Meditación: Cerramos las puertas al Satán. Olvidamos todos los pensamientos limitados y limitantes. Destruimos las influencias negativas al nivel de la semilla, evitando así que cosas malas lleguen a suceder. Superamos nuestra naturaleza reactiva. Transformamos el caos en milagros y maravillas.

❸ Tiféret, Martes *(Nun Guímel Dálet Yud Caf Shin)* נגד יכש

נָא na   גִּבּוֹר guibor   דּוֹרְשֵׁי dorshei   יִחוּדְךָ yijudeja

כְּבָבַת quevavat   שָׁמְרֵם shamrem׃

Por favor, Todopoderoso, a aquellos que buscan Tu unidad, protégelos como a la pupila del ojo.

Meditación: Conectamos con todas las formas de sustento, tanto físico como espiritual. Rejuvenecemos nuestro cuerpo. Eliminamos la muerte de todos los aspectos de nuestra vida, incluidos el cuerpo, las relaciones y los negocios. Obtenemos ayuda para evitar el habla maliciosa.

❹ Nétsaj, Miércoles *(Bet Tet Resh Tsadi Tav Guímel)* בטר צתג

בָּרְכֵם barjem   טַהֲרֵם taharem   רַחֲמֵי rajamei   צִדְקָתְךָ tsidkateja

תָּמִיד tamid   גָּמְלֵם gomlem׃

Bendíceles. Purifícales. Tu rectitud compasiva concédeles siempre.

Meditación: Perseverancia. Obtenemos la resistencia para concluir lo que comenzamos y salir victoriosos en nuestro trabajo espiritual.

❺ Hod, Jueves *(Jet Kof Bet Tet Nun Ayin)* וזקב טנע

חֲסִין jasín   קָדוֹשׁ kadosh   בְּרוֹב berov   טוּבְךָ tuvjá

נַהֵל nahel   עֲדָתֶךָ adateja׃

Invencible y Todopoderoso, con la abundancia de Tu bondad, gobierna a Tu congregación.

Meditación: Vemos el panorama completo, y por lo tanto obtenemos entendimiento profundo y clarividencia acerca de cómo podemos conectarnos con la Luz y traer Luz a nosotros mismos y al mundo.

❻ Yesod, Viernes *(Yud Guimel Lámed Pei Zayin Kof)* יָגֵל פַּזְּקֵ

pené פְּנֵה•   leamjá לְעַמְּךָ•   gueé גֵּאֶה•   yajid יָחִיד

kedushateja קְדוּשָּׁתֶךָ:   zojrei זוֹכְרֵי

Único y glorioso, acude a Tu pueblo, aquellos que recuerdan Tu santidad.

Meditación: Sentimos el deseo de iluminar a los demás. Traemos la espiritualidad al mundo difundiendo la sabiduría de la Kabbalah. Encontramos la paz y la tranquilidad interior.

❼ Maljut, Sábado *(Shin Kof Vav Tsadi Yud Tav)* שׁקו צית

tsaakatenu צַעֲקָתֵנוּ•   ushmá וּשְׁמַע   kabel קַבֵּל•   shavatenu שַׁוְעָתֵנוּ

taalumot תַּעֲלוּמוֹת: yodea יוֹדֵעַ

Acepta nuestro llanto y escucha nuestro lamento, Tú que sabes todo lo que está oculto.

Meditación: Obtenemos el poder de la renovación y la restauración.

BARUJ SHEM QUEVOD

Al susurrar este verso final del *Aná Bejóaj* traemos toda la Luz de los Mundos Superiores a nuestra existencia física.

(Susurrar): יזו אותיות   Baruj בָּרוּךְ   Shem שֵׁם   Quevod כְּבוֹד   maljutó מַלְכוּתוֹ

לְעוֹלָם leolam   ריבוע ס"ג ו"י אותיות דס"ג   וָעֶד vaed:

Bendito es el Nombre de la Gloria. Su Reino es para siempre y por la eternidad.

Letras del mes

Como se mencionó anteriormente (páginas 55-56), de los siete planetas listados, cinco (Saturno, Júpiter, Marte, Venus y Mercurio) controlan dos signos cada uno, mientras que el Sol y la Luna controlan cada uno un solo signo.

En la tabla que aparece a continuación, puedes encontrar la letra aramea para cada mes y cada signo. Los recuadros en la derecha te muestran el verso correspondiente del *Aná Bejóaj*. Una vez que llegues a la línea apropiada, haz una pausa y medita para conectarte con la energía positiva de ese mes, la cual es canalizada a nuestro mundo a través de las letras arameas.

El mes y las letras		El signo astrológico y la letra		El planeta y la letra		Meditación del Aná Bejóaj	
Tevet	עֵב	Capricornio	עַ	Saturno	ב	אבג יתץ	❶
Shevat	צֵב	Acuario	צַ	Saturno	ב	אבג יתץ	❶
Kislev	סֵג	Sagitario	ס	Júpiter	ג	קרע שטן	❷
Adar	קֵג	Piscis	ק	Júpiter	ג	קרע שטן	❷
Nisán	דֵה	Aries	ה	Marte	ד	נגד יכש	❸
Jeshván	דֵנ	Escorpio	נ	Marte	ד	נגד יכש	❸
Av	כֵט	Leo	ט	Sol	כ	בטר צתג	❹
Iyar	פֵו	Tauro	ו	Venus	פ	וזקב טנע	❺
Tishrei	פֵל	Libra	ל	Venus	פ	וזקב טנע	❺
Siván	רֵו	Géminis	ו	Mercurio	ר	יגל פזק	❻
Elul	רֵי	Virgo	י	Mercurio	ר	יגל פזק	❻
Tamuz	וֵזת	Cáncer	וֵת	Luna	ת	שקו צית	❼

CORRECCIÓN DEL ALMA - Tikún HaNéfesh

Como se mencionó previamente (páginas 55-56), a lo largo de la historia los kabbalistas han utilizado esta meditación de sanación dos veces al día, siete días a la semana, para regenerar y revitalizar todos los órganos del cuerpo.

Imagina que estás guiando un rayo láser de Luz blanca que penetrará en cada parte de tu cuerpo, utilizando tu mano derecha como herramienta de guía. Si cierta parte de tu cuerpo necesita energía adicional, simplemente detente allí y medita en esa parte.

Esta tabla representa todas las partes de tu cuerpo, cada una de las cuales está conectada con una de las combinaciones del יהוה: el Tetragrámaton, el *Yud Hei Vav* y *Hei*, el Nombre de Dios más poderoso y la herramienta más potente para revelar la Fuerza de Luz en nuestro mundo.

Las partes del cuerpo están mencionadas y las casillas numeradas, para que te resulte fácil seguir las secuencias; empieza por la casilla número 1: el cráneo, hasta llegar a la casilla número 17: los pies. Al meditar en estas combinaciones de *Yud Hei Vav* y *Hei* podrás traer esta Luz asombrosa a cada parte de tu cuerpo.

También debemos meditar en aquellas personas que necesitan sanación, para enviarles esta energía sanadora.

3 *Biná* Cerebro izquierdo יְהֹוֶה	1 *Kéter* Cráneo יֱהֹוֶה	2 *Jojmá* Cerebro derecho יְהֹוֶה
5 Ojo izquierdo יהוה יהוה יהוה יהוה יהוה	9 — 8 Nariz יֹ יֹ הִ הִ וֹ וֹ הָ הָ	4 Ojo derecho יהוה יהוה יהוה יהוה יהוה
7 Oído izquierdo יוד הי ואו הה		6 Oído derecho יוד הי ואו הה

Boca   10
יוד הי ואו הי (אהיה)
אוזה"ע גיכ"ק דטלנ"ת זסער"ץ בומ"ף

12 *Guevurá* Brazo izquierdo יְהֹוָה	13 *Tiféret* Cuerpo יְהֹוָה	11 *Jésed* Brazo derecho יְהֹוָה
15 *Hod* Pierna izquierda יְהֹוָה	16 *Yesod* Órganos reproductivos יו הו וו הו	14 *Nétsaj* Pierna derecha יְהֹוָה
	17 *Maljut* יֲהֹוָٳה(אדני)	

ÁNGELES DEL DÍA

Existen fuerzas angelicales en nuestra vida que pueden ayudarnos; escanear las siguientes oraciones puede activar estas fuerzas. Escanea la oración apropiada para el día de derecha a izquierda, formulando un deseo mientras la escaneas. Medita en algo en lo que necesites ayuda —superar miedos, aumentar tu deseo, etcétera— y las fuerzas angelicales acudirán a ayudarte.

Domingo - אׁ יום

יְהוָֹה

יוּד הֵי וָיו הֵי יוּד הֵי וָאו הֵי

אֵל שַׁדַּי יאולדפההייואודההיי

אָנָּא בְּכֹחַ גְּדוּלַּת יְמִינְךָ תַּתִּיר צְרוּרָה

אַבְגִיתַץ יְהֹוָה יְהוָֹה

סַמְטוּרְיָה גְזְרִיאֵל וְעֲנָאֵל לְמוּאֵל (ר"ת סֶגּוֹל)

Lunes - בׁ יום

יוּד הֵי וָאו הֵי יוּד הֵי וָאו הֵי יוּד הֵא וָאו הֵא

אֵל יהוה יאולדפההאאויאאודההאא

קַבֵּל רִנַּת עַמְּךָ שַׂגְּבֵנוּ טַהֲרֵנוּ נוֹרָא

קַרְעַשְׂטַן יְהֹוָה יהוה

שַׁמְעִיאֵל בַּרְכִיאֵל אַהֲנִיאֵל (ר"ת שוא)

Martes - יוֹם גִ׳

יוֹד הֵא וָאו הֵא יוֹד הֵה וָו הֵה

אל אדני יאולדפהההויוודההתה

נָא גִבּוֹר דוֹרְשֵׁי יִחוּדְךָ כְּבָבַת שָׁמְרֵם

נַגְדִּיכֵשׁ יַהֲוָה יהוה

וזניאל להדיאל מוזניאל (ר"ת וזלם)

Miércoles - יוֹם ד׳

יוֹד הֵא וָאו הֵא יוֹד הֵה וָו הֵה

אל אדני יאולדפהההויוודההתה

בָּרְכֵם טַהֲרֵם רַחֲמֵי צִדְקָתְךָ תָּמִיד גָּמְלֵם

בַּטְרַצְתַג יַהֲוֶה יהוה

וזקיאל רהטיאל קדשיאל (ר"ת וזרק)

יום ה׳ - Jueves

יוּד הֵי וָאו הֵי יוּד הִי וְאִו הִי וְהִי יוּד הֵא וָאו הֵא

אל יהוה יאולדפההאאיאוודההאא

וְזסִין קְדוֹשׁ בְּרוֹב טוּבֵךְ נֵהֵל עֲדָתֵךְ

וַקְבְּטְנַע יַהֱוֶה יְהֱוֹה

שְׁמוּעָאֵל רַעְמִיאֵל קַנִיאֵל

(ר"ת שׂוּרק – הקבוץ מלאכיו בר"ת שׁוּרק)

יום ו׳ - Viernes

יוּד הֵי וָיו הֵי יוּד הֵי וָאו הֵי

אל שדי יאולדפההיייאוודההיי

יוזיד גאה לעמך פנה זוכרי קדושתך

יַגְלְפַזָּק יַהֱוֶה יוּהוָוּהוּ

שוּבוּשׂוּיוּאוּלוּ רוּפוּאוּלוּ קוּדוּשׂוּיוּאוּלוּ (ר"ת שׂוּרק)

Como se mencionó previamente, hay fuerzas angelicales en nuestra vida que pueden ayudarnos.

En Shabat, a medida que ascendemos a través de nuestras oraciones a los Mundos Superiores, podemos conectarnos con los ángeles del viernes en la noche (ver en la presente página 65), del sábado en la mañana (ver página 66) y del sábado por la tarde (ver página 66).

Ángeles del viernes en la noche

יוֹד הֵי וָאו הֵי

שׁוֹעָתֵנוּ קַבֵּל וּשְׁמַע צַעֲקָתֵנוּ יוֹדֵעַ תַּעֲלוּמוֹת

עֲקוּצִית יְהֹוָה יֱהֹוִה יְהֹוֶה

שִׁמְעִיאֵל בַּרְכִיאֵל אַהֲנִיאֵל (ר"ת שׁוֹא)

סְמַטוּרְיָה גְּזֻרִיאֵל וְעַנָּאֵל לְמוּאֵל (ר"ת סגול)

צוּרִיאֵל רְזִיאֵל יוֹפִיאֵל (ר"ת צירי)

Ángeles de *Shabat* (sábado) en la mañana

יוֹד הֵי וִיו הֵי יוֹד הֵי וִיו הֵי

שׁוֹעתנוּ קבּל וּשׁמע צעקתנוּ יודע תעלומות

עַקְוּצִית יֱהֶוָה יְהֹוָה יְהֹוָה

שְׁמְעִיאֵל בְּרְכִיאֵל אַהֲנִיאֵל (ר״ת שׁוא)

קַדְמִיאֵל מַלְכִּיאֵל צוּרִיאֵל (ר״ת קמצ)

Ángeles de *Shabat* (sábado) en la tarde

יוֹד הֵא וֵאו הֵא יוֹד הֵא וֵאו הֵא

שׁוֹעתנוּ קבּל וּשׁמע צעקתנוּ יודע תעלומות

עַקְוּצִית יֱהֶוָה יְהֹוָה יְהֹוָה

שְׁמְעִיאֵל בְּרְכִיאֵל אַהֲנִיאֵל (ר״ת שׁוא)

פַדָאֵל תַּלְמִיאֵל (תּוּבִיאֵל) וְזַסְדִיאֵל (ר״ת פתו)

El Shmá

Hay varias conexiones del *Shmá* durante el día.
Una de ellas se dice por la mañana y otra antes de ir a dormir (ver página 89).

El *Shmá* es una de las herramientas más poderosas para atraer la energía de sanación a nuestra vida. El verdadero poder del *Shmá* se activa cuando meditamos en otras personas que necesitan energía de sanación mientras lo recitamos.

Antes de empezar el *Shmá*, debemos pensar en el concepto de amar a nuestro prójimo como a nosotros mismos. El primer verso del *Shmá* (*Shmá Yisrael...*) canaliza la energía de *Zeir Anpín*, o los Mundos Superiores.

El segundo verso (*Baruj Shem...*) se refiere a nuestro mundo, el mundo de *Maljut*.

Hay un total de 248 palabras en esta oración, y estas 248 palabras transmiten energía de sanación a las 248 partes de nuestro cuerpo humano y su alma.

El primer párrafo del *Shmá* está formado por 42 palabras, que nos conectan con el Nombre de Dios de 42 letras en el *Aná Bejóaj*.

El segundo párrafo está compuesto por 72 palabras que nos conectan con los 72 Nombres de Dios.

El tercer párrafo contiene 50 palabras que nos conectan con las 50 Puertas de *Biná*, lo cual nos ayuda a elevarnos por encima de las 50 Puertas de la Negatividad.

El párrafo final del *Shmá* tiene 72 palabras, que también nos conectan con los 72 Nombres de Dios pero a través de una combinación distinta de letras de la que se utiliza en el segundo párrafo.

Cubrimos nuestros ojos mientras decimos los primeros dos versos: *Shmá Yisrael* y *Baruj Shem Quevod*, y recitamos el resto en meditación profunda, diciéndolo con las entonaciones.

LA LECTURA DEL SHMÁ EN LA MAÑANA

Adonai יְהֹוָ**אדני**אהדונהי Yisrael יִשְׂרָאֵל ע׳ רבתי Shmá שְׁמַע

אֱלֹהֵינוּ Eloheinu ילה יְהֹוָ**אדני**אהדונהי Adonai | אֶחָֽד ד׳ רבתי ejad ; אהבה, דאגה:

(Susurra :) יוזו אותיות Baruj בָּרוּךְ Shem שֵׁם Quevod כְּבוֹד maljutó מַלְכוּתוֹ,

לְעוֹלָם leolam ריבוע דס״ג ו׳י׳ אותיות דס״ג וָעֶד vaed:

Yud, Jojmá, cabeza — 42 palabras que corresponden al Nombre Sagrado de Dios de 42 letras.

אֶת et (יכוין לקיים מ"ע של אהבת ה׳ ; ב"פ אין סוף, ב"פ רו׳, ב"פ אור, veahavtá וְאָהַבְתָּ֖

יְהֹוָ**אדני**אהדונהי Adonai אֱלֹהֶ֑יךָ Eloheja ילה ; ס"ת כהת, משיח בן דוד ע״ה

בְּכָל־ bejol ב"ז, לכב לְבָבְךָ֥ levavjá וּבְכָל־ uvejol ב"פ, לכב נַפְשְׁךָ֖ nafshejá

וּבְכָל־ uvejol ב"פ, לכב מְאֹדֶֽךָ meodeja: וְהָי֞וּ vehayú הַדְּבָרִ֣ים hadevarim

הָאֵ֗לֶּה haéle אֲשֶׁ֨ר asher אָנֹכִ֧י anojí מְצַוְּךָ֛ metsavjá

הַיּ֖וֹם hayom ע"ה נגד, מזבוז, זן, אל יהוה (pausa aquí) עַל־ al לְבָבֶֽךָ levaveja:

Escucha, Israel, el Señor nuestro Dios. El Señor es Uno. Bendito es el glorioso Nombre, Su Reino es por siempre y para la eternidad. Y amarás al Señor, tu Dios, con todo tu corazón y con toda tu alma y con todo lo que posees. Deja que estas palabras que te ordeno hoy descansen sobre tu corazón.

LA LECTURA DEL SHMÁ EN LA MAÑANA

וְשִׁנַּנְתָּם veshinantam לְבָנֶיךָ levaneja וְדִבַּרְתָּ vedibarta בָּם bam מ"ב

בְּשִׁבְתְּךָ beshivtejá בְּבֵיתֶךָ beveiteja ב"פ ראה וּבְלֶכְתְּךָ uvelejtejá

בַדֶּרֶךְ vadérej ב"פ יב"ק, ס"ג קס"א וּבְשָׁכְבְּךָ uveshojbejá וּבְקוּמֶךָ uvkumeja׃

וּקְשַׁרְתָּם ukshartam לְאוֹת leot עַל al יָדֶךָ yadeja

וְהָיוּ vehayú לְטֹטָפֹת letotafot בֵּין bein

עֵינֶיךָ eineja קס"א ע"ה ; ריבוע מ"ה וּכְתַבְתָּם ujtavtam עַל al

מְזֻזוֹת mezuzot נית (וז מות) בֵּיתֶךָ beiteja ב"פ ראה וּבִשְׁעָרֶיךָ uvishearéja׃

Y las enseñarás a tus hijos y hablarás de ellas mientras estés sentado en tu hogar y mientras caminas por el sendero y cuando te acuestas y cuando te levantas. Las atarás como una señal sobre tu mano y serán como filacterias entre tus ojos. Y las escribirás en los umbrales de tu casa y en tus puertas.

LA LECTURA DEL SHMÁ EN LA MAÑANA

Hei, Bind, brazos y cuerpo — 72 palabras que corresponden a los 72 Nombres de Dios.

ילי   והו

יהוה vehayá וְהָיָה   אִם im יהה ; יהוה, מ"א אותיות דפשוטי, דמילוי ודמילוי דמילוי דאהיה ע"ה

ללה   מהש   עלם   סיט

mitsvotai בְּמִצְוֺתַי   אֶל el   תִּשְׁמְעוּ tishmeú   שָׁמֹעַ shamoa

אלד   הזי   כהת   אכא

etjem אֶתְכֶם   metsavé מְצַוֶּה   anojí אָנֹכִי   asher אֲשֶׁר

       ההע   לאו

אוזר, דאגה leahavá לְאַהֲבָה (pausa aquí) ע"ה נגד, מזבוז, זן, אל יהוה hayom הַיּוֹם

       הרי   מבה   יזל

ילה   Eloheijem אֱלֹהֵיכֶם   Adonai יְהֹוָה(אדני-יאהדונהי)   et אֶת

       לאו   הקם

ב"ן, לכב bejol בְּכָל   uleavdó וּלְעָבְדוֹ   (pronuncia la letra *Ayin* en la palabra "*uleavdó*")

       פהל   לוו   כלי

nafshejem׃ נַפְשְׁכֶם   לכב ב"ן,   uvejol וּבְכָל   levavjem לְבַבְכֶם

Y sucederá que si escuchareis Mis mandamientos que les estoy ordenando hoy de amar al Señor, vuestro Dios, y servirle con todo vuestro corazón y con toda vuestra alma.

LA LECTURA DEL SHMÁ EN LA MAÑANA

venatati וְנָתַתִּ֞י	metar מְטַֽר־	artsejem אַרְצְכֶ֛ם	beitó בְּעִתּ֖וֹ
yoré יוֹרֶ֣ה	umalkosh וּמַלְק֑וֹשׁ	veasafta וְאָסַפְתָּ֣	deganeja דְגָנֶ֔ךָ
vetiroshjá וְתִֽירֹשְׁךָ֖	veyitsareja וְיִצְהָרֶֽךָ׃	venatati וְנָתַתִּ֛י	ésev עֵ֥שֶׂב
besadeja בְּשָׂדְךָ֖	livehemteja לִבְהֶמְתֶּ֑ךָ	veajalta וְאָכַלְתָּ֖	vesavata וְשָׂבָֽעְתָּ׃
hishamrú הִשָּֽׁמְר֣וּ	lajem לָכֶ֔ם	pen פֶּ֥ן	yifté יִפְתֶּ֖ה	levavjem לְבַבְכֶ֑ם
vesartem וְסַרְתֶּ֗ם	vaavadetem וַעֲבַדְתֶּם֙	elohim אֱלֹהִ֣ים	ajerim אֲחֵרִ֔ים
(pausa aquí)	vehishtajavitem וְהִשְׁתַּחֲוִיתֶ֖ם	lahem לָהֶֽם׃
vejará וְחָרָ֨ה	af אַף־	Adonai יְהוָ֜ה	bajem בָּכֶ֗ם

Entonces enviaré lluvias sobre vuestra tierra en el momento apropiado, tanto lluvias tempranas como lluvias tardías. Y recogerás tus granos y tu vino y tu aceite. Y te daré hierba en tu campo para tu ganado. Y comerás y quedarás saciado. Pero cuidad que vuestro corazón no sea seducido y os alejeis para servir a deidades foráneas y os postréis ante ellas. Y la ira del Señor caerá sobre vosotros

LA LECTURA DEL SHMÁ EN LA MAÑANA

veló וְלֹא־ כוזו י"פ טל, י"פ הַשָּׁמַיִם hashamáyim אֶת־ et veatsar וְעָצַר

titén תִּתֵּן ב"פ כהת lo לֹא vehaadamá וְהָאֲדָמָה matar מָטָר יי yihyé יִהְיֶה

meal מֵעַל עלם meherá מְהֵרָה vaavadetem וַאֲבַדְתֶּם yevulá יְבוּלָהּ et אֶת־

asher אֲשֶׁר hatová הַטֹּבָה ע"ה ההין אלהים haárets הָאָרֶץ

Vav, Zeir Anpín lajem לָכֶם אבג יתץ, וער notén נֹתֵן Adonai יְהוָה

vesamtem וְשַׂמְתֶּם **estómago** – 50 palabras que corresponden a las 50 Puertas de *Biná*.

al עַל־ ele אֵלֶּה devarai דְּבָרַי et אֶת־

nafshejem נַפְשְׁכֶם veal וְעַל־ levavjem לְבַבְכֶם

y Él detendrá los Cielos y no habrá más lluvia y la tierra no brindará su cosecha. Y rápidamente pereceréis de la buena tierra que el Señor os ha dado. Y pondréis estas palabras Mías sobre vuestro corazón y sobre vuestra alma

LA LECTURA DEL SHMÁ EN LA MAÑANA

וּקְשַׁרְתֶּם ukshartem אֹתָם otam לְאוֹת leot ר"ת לאו עַל־ al יֶדְכֶם yedjem

וְהָיוּ vehayú לְטֹטָפֹת letotafot בֵּין bein עֵינֵיכֶם eineijem ריבוע מ"ה:

וְלִמַּדְתֶּם velimadtem אֹתָם otam אֶת־ et בְּנֵיכֶם beneijem

לְדַבֵּר ledaber ראה בָּם bam עם בן מ"ב בְּשִׁבְתְּךָ beshivteja

בְּבֵיתֶךָ beveiteja ב"פ ראה וּבְלֶכְתְּךָ uvelejtejá בַדֶּרֶךְ vadérej ב"פ יב"ק, ס"ג קס"א

וּבְשָׁכְבְּךָ uveshojbejá וּבְקוּמֶךָ uvekumeja: וּכְתַבְתָּם ujtavtam עַל־ al

מְזֻזוֹת mezuzot בֵּיתֶךָ beiteja ב"פ ראה וּבִשְׁעָרֶיךָ uvisheareja:

y las ataréis como una señal sobre vuestras manos y serán como filacterias entre vuestros ojos. Y las enseñaréis a vuestros hijos hablando de ellas mientras estés sentado en tu hogar y mientras caminas por el sendero y cuando te acuestas y cuando te levantas. Y las escribirás en los umbrales de tu casa y sobre tus puertas.

LA LECTURA DEL SHMÁ EN LA MAÑANA

לְמַ֫עַן lemaan יִרְבּ֫וּ yirbú יְמֵיכֶם֯ yemeijem ר"ת ייל

וִימֵי vimei בְּנֵיכֶם veneijem עַל al הָאֲדָמָה haadamá

אֲשֶׁר asher נִשְׁבַּע nishbá (pronuncia la letra *Ayin* en la palabra "*nishbá*") יכוין לשבועת המבול

יְ‑הֹוָ‑ה(אֲדֹנָי‑אהדונהי) Adonai לַאֲבֹתֵיכֶם laavotejem לָתֵת latet

לָהֶם lahem כִּימֵי quimei הַשָּׁמַ֫יִם hashamáyim י"פ טל, י"פ כוזו

עַל al הָאָ֫רֶץ haárets אלהים הההן ע"ה:

Esto es para que vuestros días sean numerosos y también los días de vuestros hijos sobre la Tierra que el Señor ha prometido a vuestros padres darles como los días de los Cielos sobre la Tierra.

Hei, Maljut, piernas y órganos reproductivos,

72 palabras que corresponden a los 72 Nombres de Dios en orden directo (según el Ramjal).

עאם	סבט	ייי	ווו
Moshé מֹשֶׁה	el אֶל־	Adonai יְהֹוָה֙	vayómer וַיֹּ֥אמֶר

אוא	ליה	מבע	
el אֶל־	daber דַּבֵּ֛ר	lemor לֵּאמֹֽר׃	מהע, ע"ב בריבוע וקס"א, אל עדרי, ד"פ אלהים ע"ה ראה

המע	להו	אנד	הוי	כמת
veasú וְעָשׂ֨וּ	alehem אֲלֵהֶ֜ם	veamarta וְאָֽמַרְתָּ֣	Yisrael יִשְׂרָאֵ֔ל	bnei בְּנֵ֣י

לוי	הםם	הוי	מרה	יצל
vigdeihem בִגְדֵיהֶ֖ם	canfei כַּנְפֵ֥י	al עַל־	tsitsit צִיצִ֛ת	lahem לָהֶ֥ם

נמך	פול	לוו	כבי
tsitsit צִיצִ֥ת	al עַל־	venatnú וְנָֽתְנ֛וּ	ledorotam לְדֹֽרֹתָ֑ם

וחו	בנה	יוי
tejélet תְּכֵֽלֶת׃	petil פְּתִ֥יל י"פ ב"ן ע"ה אדני אלהים ע"ה קנ"א,	hacanaf הַכָּנָ֖ף

Y el Señor le habló a Moisés y dijo: habla a los Hijos de Israel y diles que deben hacerse para sí mismos Tsitsit, en las esquinas de sus vestimentas, a lo largo de todas sus generaciones. Y deben colocar sobre el Tsitsit de cada esquina un filamento azul.

וְהָיָה יהוה ; יהוה vehayá לָכֶם lajem לְצִיצִת letsitsit וּרְאִיתֶם ureitem אֹתוֹ otó

וּזְכַרְתֶּם uzjartem אֶת et כָּל col ילי מִצְוֹת mitsvot יְהֹוָאדֹנָהִדוֹנָהי Adonai

וַעֲשִׂיתֶם vaasitem אֹתָם otam וְלֹא veló תָתוּרוּ taturu אַחֲרֵי ajarei

לְבַבְכֶם levavjem וְאַחֲרֵי veajarei עֵינֵיכֶם eineijem

אֲשֶׁר asher אַתֶּם atem זֹנִים zonim אַחֲרֵיהֶם ajareihem לְמַעַן lemaan

תִּזְכְּרוּ tizkerú וַעֲשִׂיתֶם vaasitem אֶת et כָּל col ילי מִצְוֹתָי mitsvotai

וִהְיִיתֶם viheyitem קְדֹשִׁים kedoshim לֵאלֹהֵיכֶם leEloheijem :

Y esto será para vosotros como un Tsitsit: lo veréis y recordaréis los mandamientos del Señor y los cumpliréis. Y no os dejéis llevar en pos de vuestro corazón y de vuestros ojos porque de acuerdo con ellos irás por mal camino. Para que os acordéis y hagáis todos Mis mandamientos y de este modo seréis santos ante vuestro Dios.

LA LECTURA DEL SHMÁ EN LA MAÑANA

אֲנִי Aní יְהֹוָה Adonai אֱלֹהֵיכֶם Eloheijem אֲשֶׁר asher

הוֹצֵאתִי hotseti אֶתְכֶם etjem מֵאֶרֶץ meérets מִצְרַיִם Mitsráyim

לִהְיוֹת lihyot לָכֶם lajem לֵאלֹהִים leElohim

אֲנִי Aní יְהֹוָה Adonai אֱלֹהֵיכֶם Eloheijem

אֱמֶת emet אהיה פעמים אהיה, ז"פ ס"ג.

Debes repetir las tres últimas palabras, puesto que con estas tres palabras las 248 palabras del *Shmá* están completas.

יְהֹוָה Adonai אֱלֹהֵיכֶם Eloheijem

אֱמֶת emet אהיה פעמים אהיה, ז"פ ס"ג.

Yo soy el Señor, vuestro Dios, quien os sacó de la tierra de Egipto para ser vuestro Dios. Yo, el Señor, vuestro Dios, Es verdad. El Señor, vuestro Dios, ¡es verdad!

Meditación para Sustento

Todo viene de la Luz. Siempre que seamos conscientes de esta verdad cuando recibamos buena fortuna en nuestra vida, la satisfacción que ésta genera se quedará con nosotros para siempre. Por el contrario, cuando prosperamos pero creemos que somos nosotros los arquitectos de nuestro propio éxito, estamos atrayendo nuestra prosperidad del Satán. Si esta es nuestra conciencia, finalmente acabaremos perdiendo lo que hayamos ganado o "pagaremos" por ello en alguna otra área de nuestra vida. Esto lo podemos observar en muchas de las personas que tienen éxito en este mundo, por ejemplo, en los negocios, sólo para cargar con diversas tragedias en otras áreas de sus vidas, por ejemplo en sus matrimonios o hijos.

Todo viene con un precio. Este precio puede ser cobrado en diez años o en diez minutos, pero al final *pagaremos* si no somos plenamente conscientes de que nuestra buena fortuna procede únicamente de la Luz. El dinero y el éxito que estamos destinados a recibir llegarán a nosotros de todas maneras. Nuestro libre albedrío nos permite elegir si éste llegará de la Luz a través de nuestra apreciación o a través del Satán, con nuestro ego diciéndonos que nosotros somos los responsables de nuestro éxito. Tenemos dos maneras de protegernos:

(1) Reconocer que toda la buena fortuna proviene de la Luz.
(2) Utilizar un porcentaje de nuestros ingresos para ayudar a otros: el concepto del diezmo (explicación y meditación en la página 82).

leShem לְשֵׁם   yijud יִחוּד   Kudshá קוּדְשָׁא   Berij בְּרִיךְ   Hu הוּא
uShjintei וּשְׁכִינְתֵּיהּ (יאההויהה),   bidjilu בִּדְחִילוּ (יאהדונהי),   urjimu וּרְחִימוּ (יאההויהה),
urjimu וּרְחִימוּ   udjilu וּדְחִילוּ (איההויהה),   leyajdá לְיַחֲדָא   Shem שֵׁם   Yud יוּ"ד (יהוה)
Kei קֵי   beVav בְּוא"ו   Kei קֵי   beyijudá בְּיִחוּדָא   shlim שְׁלִים
beshem בְּשֵׁם   col כָּל   Yisrael יִשְׂרָאֵל,   hareini הֲרֵינִי
matjil מַתְחִיל   bimlajá בִּמְלָאכָה   zu זוֹ   o אוֹ   holej הוֹלֵךְ
leések לְעֵסֶק   ze זֶה   o אוֹ   masá מַשָּׂא   umatán וּמַתָּן   ze זֶה.

Por el bien de la unificación entre El Santísimo Bendito Él y Su Shejiná, con temor y amor, y con amor y temor, con el fin de unificar el Nombre Yud-Kei y Vav-Kei en perfecta unidad, y en el nombre de todo Israel, por la presente inicio esta actividad, o esta empresa, o esta negociación.

MEDITACIÓN PARA SUSTENTO

yehí יְהִי ratsón רָצוֹן מהע׳ ע״ה, ע״ב בריבוע וקס״א ע״ה, אל יודעי נ״ה
milfaneja מִלְפָנֶיךָ ס״ג מ״ה ב״ן יְהֹוָהאהדונהי Adonai אֱלֹהֵינוּ Eloheinu ילה
veElohei וֵאלֹהֵי אֲבוֹתֵינוּ avoteinu ; לכב ; מילוי ע״ב, דמב ; ילה shetishlaj שֶׁתִּשְׁלַח
hatslajá הַצְלָחָה vejol בְּכֹל ב״ן, לכב maasé מַעֲשֵׂה yadai יָדַי
utfarneseni וּתְפַרְנְסֵנִי bejavod בְּכָבוֹד בוכו sheló שֶׁלֹּא etstarej אֶצְטָרֵךְ
lidei לִידֵי matnot מַתְּנוֹת basar בָּשָׂר vadam וָדָם veló וְלֹא lidei לִידֵי
halvaatam הַלְוָאָתָם qui כִּי im אִם יוהך, מ״א אותיות אהיה בפשוטו ובמילואו ובמילוי דמילואו ע״ה
leyadjá לְיָדְךָ leovdejá לְעָבְדְּךָ pnai פָּנַי li לִי vesheyihyé וְיִהְיֶה יי׳ פני, אל אדני
beyirá בְּיִרְאָה Atá אַתָּה qui כִּי רי״י El אֵל tov טוֹב יאי׳ lacol לַכֹּל וה׳ יה אדני
umejín וּמֵכִין mazón מָזוֹן lejol לְכֹל יה אדני briyoteja בְּרִיּוֹתֶיךָ dijtiv דִּכְתִיב:
notén נוֹתֵן אבג יתץ, ושר léjem לֶחֶם ג׳ הויות lejol לְכֹל יה אדני basar בָּשָׂר ר״ת = יב״ק,
אלהים יהוה אהיה אדני יהוה qui כִּי leolam לְעוֹלָם
jasdó וַחַסְדּוֹ ג׳ הויות, בוזלא (להמשיך הארה ממולא עילאה) ; ר״ת = נג״ה: ריבוע ס״ג ו׳ אותיות דס״ג

Que sea placentero ante Ti, Señor, mi Dios y Dios de mis antepasados, que Tú me envíes éxito en todo mi trabajo manual, y Tú me sustentarás con dignidad, para que no necesite la generosidad de la gente ni su préstamo, sino sólo Tu mano. Así yo estaré libre para adorarte con sobrecogimiento. Porque Tú eres buen Dios para todos y preparas comida para toda Tu creación. Como está escrito: "Él le da nutrición a toda la carne, pues su generosidad dura para siempre".

MEDITACIÓN PARA SUSTENTO

En este punto, abrimos nuestras manos con las palmas hacia arriba mientras meditamos en estas combinaciones.

פּוֹתֵחַ potéaj אֶת et יָדֶךָ yadeja

ר"ת פַּאי וס"ת וֹזֵתֶר (עם ג' אותיות = דְיִקַרְנוֹסָא) ובאתב"ש הוא סאל, אמן, יאהדונהי ;

ועוד יכוין עם וזתר בעילוב יהוה כזה: יְוֹזָהֶתָוֹכָה המסוגל לפרנסה)

וּמַשְׂבִּיעַ umasbía

וֹזֵתֶר (עם ג' אותיות = דְיִקַרְנוֹסָא) ובאתב"ש הוא סאל, פַּאי, אמן, יאהדונהי ;

ועוד יכוין עם וזתר בעילוב יהוה כזה: יְוֹזָהֶתָוֹכָה המסוגל לפרנסה)

לְכָל lejol יה אדני וֹזִי jai כל וזי = אהיה אהיה יהוה, בינה ע"ה, וזיים

רָצוֹן ratsón מהע ע"ה, ע"ב ברבוע וקס"א ע"ה, אל שדי ע"ה; ר"ת רוזל שהיא המלכות הצריכה לעפעל:

וְתַמְצִיא vetamtsí לִי li עַל al יְדֵי yedei מְלָאכָה melajá זוּ zu

אוֹ o עֵסֶק ések זֶה ze, אוֹ o מַשָׂא masá וּמַתָּן umatán זֶה ze כְּדֵי quedei

שֶׁאוּכַל sheujal לְפַרְנֵס lefarnés בְּנֵי bnei בֵּיתִי beití, כְּלוֹם kelom ג' הויות

לֶאֱכוֹל leejol וּבֶגֶד uvéguéd לִלְבֹּשׁ lilbosh וּשְׁמַע ushmá תְּפִלָּתִי tefilatí כִּי qui

אַתָּה Atá שׁוֹמֵעַ shomea תְּפִלַּת tefilat עַמְּךָ ameja יִשְׂרָאֵל Yisrael

בְּרַחֲמִים berajamim מצפץ, אלהים דיודין, י"פ ייי בָּרוּךְ Baruj אַתָּה Atá שׁוֹמֵעַ shomea

תְּפִלָּה tefilá א"ת ב"ש אוכצ' ב"ן אדני והנקודה ע"ה יוד הי וו ההי:

"Abre Tus Manos y dale satisfacción al deseo de cada criatura viviente".
Y Tú me entregarás por esta actividad, o esta empresa, o esta negociación, para que pueda sustentar a mi familia y a mi hogar con pan para comer y ropa para vestir, y escucha mi oración, pues Tú oyes la oración de Tu pueblo Israel con compasión. Bendito seas Tú, Quien escucha oraciones.

Meditación para dar Tsedaká (caridad)

Medita en que tu acción de *Tsekadá* te conecta con *Yesod* de *Ima* de *Zeir Anpín*, que es llamado "*Gabai Tsedaká*": el recolector de *Tsekadá*, quien recolecta todas las iluminaciones y las da a los pobres, que es el mundo de *Maljut*.

También medita en la palabra *Tsedaká* צְדָקָה para unir a *Yesod* (masculino) con *Maljut* (femenino), tal como sigue:

La letra *Tsadi* צ:
La forma de la letra *Tsadik* es como la letra *Nun* (femenino) y la letra *Yud* (masculino) espalda con espalda. Medita en conectar *Zeir Anpín* con *Nukvá* cara a cara.

La letra *Dálet* ד:
El nombre de la letra *Dálet* viene de la palabra *Dalut* en hebreo, que significa pobreza. También, la forma de la letra *Dálet (Maljut)* es como la letra *Hei (Maljut* corregido) pero vacía por dentro.
Medita en satisfacer a los pobres *(Maljut)* y conéctalo con la letra *Yud (Yesod)* para formar la letra *Hei*.

La letra *Kof* ק:
La forma de la letra *Kof* es similar a la letra *Hei (Maljut* corregido) pero con una pierna larga. La pierna larga en realidad alimenta al lado negativo.
Medita en cortar la pierna de la letra *Kof*, y hacerla similar a la letra *Hei* para no alimentar la *Klipá*.

La letra *Hei* ה:
Para conectar todo lo anterior (las letras *Tsadi, Dálet* y *Kof*) con *Maljut* corregido (la letra *Hei*).
También medita, utilizando el Nombre del Tetragrámaton [יהוה *Yud, Hei, Vav* y *Hei*], en eliminar la brecha entre el mundo Superior y nuestro mundo, de la siguiente manera:

La letra *Yud* י – representa el dinero que se da para *Tsedaká*.
La letra *Hei* ה – representa la mano (palma) del dador que sujeta la *Tsedaká*.
La letra *Vav* ו – representa el brazo que entrega el dinero al receptor (el *Gabai Tsedaká*).
La última letra *Hei* ה – representa la mano (palma) del receptor.

Meditación para dar Maaser (Diezmo)

Hay dos tipos de riqueza: espiritual y física. El concepto de diezmar —dar el 10% de nuestros ingresos— está diseñado para eliminar la influencia del Satán de nuestra vida. Si el Satán permanece apegado a nuestro sustento económico, finalmente esta influencia hará que nuestra buena fortuna se marchite. Dar el diezmo no disminuye nuestro bienestar. Al contrario, protege nuestro sustento y trae más prosperidad y alegría a cada área de nuestra vida.

Escanear el siguiente fragmento de la porción *Mikets* del *Zóhar* fortalece nuestra conexión con Yosef HaTsadik, quien es el canal de *Zeir Anpín* y nuestro conducto para recibir Luz de los Mundos Superiores.

106. וְיוֹסֵף veYosef הוּא hu הַשַּׁלִּיט hashalit עַל al הָאָרֶץ haárets וְגוֹ' vegomer, רַבִּי Rabí יֵיסָא Yesa פָּתַח petaj וַאֲמַר vaamar, וְעַתָּה veatá יָרוּם yarum רָאשִׁי roshí עַל al אוֹיְבַי oyvai סְבִיבוֹתַי svivotai וְאֶזְבְּחָה veezbejá בְּאָהֳלוֹ beaholó זִבְחֵי zivjei תְּרוּעָה truá אָשִׁירָה ashira וַאֲזַמְּרָה vaazamera לַיהֹוָה laHashem. תָּא ta-jazé כַּד cad זָקֵף zakef נָשׁ nash בְּבַר bevar בֵּיהּ bei אַתְרְעֵי itreei קֻדְשָׁא בְּרִיךְ הוּא Kudshá-Berij-Hu לֵיהּ lei עַל al כָּל col בְּנֵי bnei עָלְמָא almá, וְעָבִיד veaveid לֵיהּ lei רֵישָׁא reishá דְכֹלָּא dejolá, וְכֻלְּהוּ vejulhú שַׂנְאוֹי sanoi אִתְכַּפְיָין itkafyán תְּחוֹתוֹי tejotoi.

107. דָּוִד David מַלְכָּא Malcá, שַׂנְאוּ sanú לֵיהּ lei אוֹחֲרֵי ajoi, דָּחוּ dajó לֵיהּ lei מִנַּיְיהוּ minayhú, קֻדְשָׁא בְּרִיךְ הוּא Kudshá-Berij-Hu אָרֵים areim לֵיהּ lei, עַל al כָּל col בְּנֵי bnei עָלְמָא almá, אָתָא atá וְמוֹי jamoi עָרַךְ arak מִקַּמֵּיהּ mikamei, קֻדְשָׁא בְּרִיךְ הוּא Kudshá-Berij-Hu אָרֵים areim לֵיהּ lei, עַל al כָּל col מַלְכוּתֵיהּ maljutei, וְכֻלְּהוּ vejulhú הֲווֹ havó כָּרְעִין carín וְסָגְדִין vesagdín קָמֵיהּ kamei. וְיוֹסֵף veYosef דָּחוּ dajú לֵיהּ lei אוֹחֲרֵי ajoi, לִבְתַר levatar כֻּלְּהוּ culhú כָּרְעוּ carú וְסָגִידוּ usguidu קָמֵיהּ kamei, הֲדָא הוּא דִכְתִיב hada-hu-dijtiv וַיָּבוֹאוּ vayavou אֲחֵי ajei יוֹסֵף Yosef וַיִּשְׁתַּחֲווּ vayishtajavú לוֹ lo אַפַּיִם apáyim אַרְצָה artsa.

MEDITACIÓN PARA DAR MAASER (DIEZMO)

108. ד"א davar-ajer, וְעַתָּה veatá יָרוּם yarum רָאשִׁי roshí, בֹּאִי mai וְעַתָּה veatá,
כְּמוֹ quemó וְאַתָּה veatá. ר' Rabí יְהוּדָה Yehudá אָמַר amar,
הָא ha אִתְּמַר itmar, עֵת et דְּאִיהוּ deihú דַּרְגָּא dargá עִלָּאָה ilaá,
וּמַאן umán אִיהוּ ihú הַהוּא hahú עֵת et. דָּא da ה"א Hei,
וְאִקְרֵי veikrei עַתָּה atá, וְעַתָּה veatá: דָּא da אִיהוּ ihú וּבֵי uvei דִּינֵיהּ dinei.

109. יָרוּם yarum רָאשִׁי roshí, לָאֲרָמָא laaramá, לָהּ la, בִּיקָרָא bikará
וּמַלְכוּתָא umaljutá. עַל al אוֹיְבַי oyvai סְבִיבוֹתַי svivotai,
אִלֵּין ilein שְׁאָר shear מַלְכֵי maljei אַרְעָא ará. וְאֶזְבְּחָה veezbejá בְּאָהֳלוֹ beaholó,
דָּא da יְרוּשָׁלַיִם Yerushaláyim, בְּאָהֳלוֹ beaholó דָּא da אֹהֶל óhel מוֹעֵד moed.
זִבְחֵי zivjei תְרוּעָה truá, לְמִשְׁמַע lemishmá כָּל col עַלְמָא almá.
אָשִׁירָה ashira וַאֲזַמְּרָה vaazamera, מֵהַהוּא mehahú סִטְרָא sitrá דְּתְרוּעָה ditruá
הִיא hi דְּהָא dehá מִתַּמָּן mitamán, מֵהַהוּא mehahú סִטְרָא sitrá
דְּתְרוּעָה ditruá, הִיא hi אַתְיָא atyá שִׁירָה shirá וְתוּשְׁבַּחְתָּא vetushbajtá.

110. ד"א davar-ajer, וְעַתָּה veatá יָרוּם yarum רָאשִׁי roshí, דָּא da כְּנֶסֶת Kenéset
יִשְׂרָאֵל Yisrael. עַל al אוֹיְבַי oyvai סְבִיבוֹתַי svivotai, דָּא da עֵשָׂו Esav וְכָל vejol
אַפַּרְכִין afarjín דִּילֵיהּ dilei. וְאֶזְבְּחָה veezbejá בְּאָהֳלוֹ beaholó, אִלֵּין ilein
יִשְׂרָאֵל Yisrael. זִבְחֵי zivjei תְרוּעָה truá, דִּכְתִיב dijtiv זִבְחֵי zivjei אֱלֹקִים Elokim
נִשְׁבָּרָה nishbará, בְּגִין beguín לְאַעֲבְרָא leaavará דִּינָא diná מֵעָלְמָא mealmá. רוּחַ rúaj
אָשִׁירָה ashira וַאֲזַמְּרָה vaazamera, לְאוֹדָאָה leodaá וּלְשַׁבְּחָא uleshabjá
לְקֻבָּ"ה leKudshá-Berij-Hu בְּלָא belá פְּסִיקוּ pesiku לְעוֹלָם leolam.

111. ד"א davar-ajer, וְעַתָּה veatá יָרוּם yarum רָאשִׁי roshí, בְּכְלָא bejolá, יֵצֶר yétser
טוֹב tov עַל al יֵצֶר yétser רַע ra, דִּכְתִיב dijtiv עַל al אוֹיְבַי oyvai סְבִיבוֹתַי svivotai,

דָּא yetser וְיֵצֶר hará הָרָע, deihu דְּאִיהוּ sajaranei סַוְחֲרָנֵיהּ devar דְּבַר nash נָשׁ,
veihú וְאִיהוּ sanei שָׂנֵאיה bejolá בְּכֹלָּא. veezbejá וְאוֹבִחָה veaholó בְּאָהֱלוֹ,
zivjei זִבְחֵי truá תְּרוּעָה da דָּא oraytá אוֹרַיְיתָא, deityehivat דְּאִתְיְהִיבַת
misitrá מִסִּטְרָא deesá דְּאֵשָׁא, kedijtiv כְּדִכְתִיב miminó מִימִינוֹ
esh אֵשׁ dat דָּת lamó לָמוֹ, dehá דְּהָא beguín בְּגִין oraytá אוֹרַיְיתָא,
yarum יָרוּם reishei רֵישֵׁיהּ veitavrú וְאִתְבְּרוּ col כָּל sanoi שָׂנְאוֹי
kodamoi קֳדָמוֹי, kedijtiv כְּדִכְתִיב tajría תַּכְרִיעַ kamai קָמַי tajtai תַּחְתָּי.

112. ד״א davar-ajer, veatá וְעַתָּה yarum יָרוּם roshí רֹאשִׁי,
leitclalá לְאִתְכְּלָלָא baavahán בַּאֲבָהָן, dehá דְּהָא David דָּוִד Malcá מַלְכָּא,
it אִית lei לֵיהּ leitdabaká לְאִתְדַּבְּקָא baavahán בַּאֲבָהָן, ujdein וּכְדֵין
yitromem יִתְרוֹמֵם vesaleik וְסָלֵיק leeilá לְעֵילָא, veihú וְאִיהוּ bejad בְּיַד
kishurá קְשׁוּרָא behó בְּהוֹ. al עַל oyvai אוֹיְבַי sevivotai סְבִיבוֹתַי, ilein אִלֵּין
inún אִינוּן devistar דְּבִסְטַר smalá שְׂמָאלָא, culhú כֻּלְּהוּ marei מָארֵי dinín דִּינִין,
demitcavnín דְּמִתְכַּוְּנִין lejabalá לְקַבָּלָא ujdein וּכְדֵין shimshá שִׁמְשָׁא
itjabar אִתְחַבַּר besihará בְּסִיהֲרָא, vahavei וַהֲוֵי colá כֹּלָּא jad חַד.

113. ת״ח ta-jazé, ketiv כְּתִיב veYosef וְיוֹסֵף hu הוּא hashalit הַשַּׁלִּיט al עַל
haárets הָאָרֶץ da דָּא shimshá שִׁמְשָׁא deshalit דְּשַׁלִּיט besihará בְּסִיהֲרָא,
venaher וְנָהִיר la לָהּ vezán וְזָן la לָהּ. hu הוּא hamashbir הַמַּשְׁבִּיר lejol לְכָל am עַם
haárets הָאָרֶץ, dehá דְּהָא hahú הַהוּא náhar נָהָר denagueid דְּנָגֵיד venafeik וְנָפֵיק,
minei מִנֵּיהּ itzanú אִתְּזָנוּ culhú כֻּלְּהוּ umitamán וּמִתַּמָּן parjín פָּרְחִין nishmatín נִשְׁמָתִין
lejolá לְכֹלָּא, uvguín וּבְגִין da דָּא culhú כֻּלְּהוּ sagdín סַגְדִּין legabei לְגַבֵּיהּ
dehahú דְּהַהוּא atar אֲתָר, dehá דְּהָא leit לֵית laj לָךְ milá מִלָּה
bealmá בְּעָלְמָא, delá דְּלָא talei תַּלְיָא bemazalá בְּמַזָּלָא veokmuhá וְאוּקְמוּהָ.

MEDITACIÓN PARA SANACIÓN

Las letras arameas *Mem* מ, *Hei* ה, *Shin* ש, liberan la fuerza de sanación. Debemos cerrar nuestros ojos y visualizar estas tres letras emitiendo rayos de Luz, bañando nuestro cuerpo entero con un torrente de Luz blanca. También debemos enviar esta energía a otras personas que necesiten sanación. Podemos meditar en el nombre de esa persona o visualizar las letras *Mem Hei Shin* irradiando Luz sobre su cuerpo. Si reordenamos estas letras también obtenemos el nombre de Moshé משה = מהש.

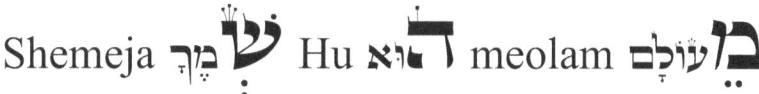

Shemeja שִׁמְךָ Hu הוּא meolam מֵעוֹלָם

Siempre ha sido Tu Nombre.

Este párrafo especial de la porción *Pinjás* del *Zóhar* nos ayudará a potenciar la energía de sanación.

436. וּבְחִבּוּרָא קַדְמָאָה, פָּתַח רַעְיָא מְהֵימְנָא וְאָמַר, וַוי לוֹן לִבְנֵי נָשָׁא, דְּאִינּוּן אֲטִימִין לִבָּא, סְתִימִין עַיְינִין, דְּלָא יַדְעִין אֵבָרִים דְּגוּפַיְיהוּ עַל מַה אִינּוּן מִתְתַּקְּנִין, דְּהָא קָנֶה תְּלַת וְזִלִין כְּלִילָן בֵּיהּ, חַד הֶבֶל, דְּאִיהוּ לַהַט אֵשׁ, דְּנָפִיק מִן לִבָּא וְאִתְפְּלַג לְז' הֲבָלִים, דְּאָמַר קֹהֶלֶת. תִּנְיָינָא, אֲוִיר דְּעָאל לְגַבֵּיהּ מִלְבַר. תְּלִיתָאָה, מַיִם דְּכַנְפֵי רֵיאָה, דְּאִינּוּן דְּבוּקִים בְּקָנֶה. וּמִתְּלַת אִלֵּין אִתְעֲבִיד קוֹל, מַיִם וְרוּחַ וְאֵשׁ, וּמִתְפְּלַג כָּל חַד לְז', וְאִינּוּן ז' לְהָבִים, ז' אֲוִירוֹת, ז' נוֹזְלִים.

436. Y en la primera sección, el Pastor Fiel empezó diciendo: "¡Ay de esas personas cuyos corazones están cerrados y cuyos ojos no pueden ver, que no conocen las partes de su propio cuerpo, según como están ordenados!". Porque la tráquea está compuesta por 3 fuerzas: a) Vapor (Heb. hével, Hei Bet Lámed) que es una llama (Heb. láhav, Lámed Hei Bet), un fuego flameante que surge del corazón y que se divide en siete vapores o vanidades como se menciona en Kohélet [Eclesiastés]; b) Aire, que entra del exterior; c) Agua de las alas del pulmón, que están unidas a la tráquea. Y de estas tres, es decir del agua, viento y fuego, está hecha la voz, y cada una está subdividida en siete, y son siete llamas, siete aires y siete arroyos.

BENDICIONES PARA LAS VELAS DE SHABAT

Encendemos las velas de *Shabat* para atraer Luz espiritual a nuestra vida personal. Cada acción física en nuestro mundo inicia una reacción correspondiente en los Mundos Superiores. Al encender las velas físicas de *Shabat* con la conciencia y la intención de conectar con la energía de *Shabat* en los Mundos Superiores, despertamos y atraemos Luz espiritual a nuestro mundo físico.

Las velas esconden un secreto en su valor numérico, que es 250. Cuando encendemos dos velas su valor numérico es de 250 x 2 = 500. El hombre tiene 248 segmentos óseos y articulaciones, mientras que la mujer tiene 252. Juntos, 248 + 252 = 500, tienen el mismo valor que dos velas. Esto representa el poder de una sola alma, la unidad entre un hombre y una mujer.

Todas las almas en el Mundo Superior están formadas por una parte masculina y otra femenina en mitades iguales. Cuando un alma en particular viene a este mundo de *Maljut*, se divide en dos: masculino y femenino separadamente. Si dos personas son almas gemelas, pero viven en lados opuestos del planeta, la acción de la mujer de encender dos velas ayuda a que estas dos mitades de una sola alma se acerquen. En virtud de esta acción simple de encender dos velas, pueden encontrarse una a otra y reunirse como una sola alma.

Cuando una mujer enciende las velas de *Shabat*, también está ayudando a corregir el pecado de Eva, que fue el Deseo de Recibir Sólo para Sí Mismo. La acción de encender las velas se convierte en un acto de compartir. Puesto que el marido y los hijos son los más cercanos a la mujer, ellos también reciben el beneficio de esta acción.

En un *Shabat* que no coincida con una festividad, decimos la siguiente bendición. Primero encendemos las velas, luego rodeamos las velas con nuestras manos haciendo un movimiento circular tres veces para atraer la luz hacia nuestra cara. Nos cubrimos nuestros ojos y recitamos la bendición.

בָּרוּךְ Baruj אַתָּה Atá יְהֹוָה(אדני/יאהדונהי) Adonai
אֱלֹהֵינוּ Eloheinu יל״ה מֶלֶךְ Mélej הָעוֹלָם haolam אֲשֶׁר asher
קִדְּשָׁנוּ kideshanu בְּמִצְוֹתָיו bemitsvotav וְצִוָּנוּ vetsivanu לְהַדְלִיק lehadlik
נֵר ner יהוה אהיה יהוה אלהים יהוה אדני שֶׁל shel שַׁבָּת Shabat:

Bendito seas Tú, Señor, nuestro Dios, Rey del mundo,
Quien nos ha santificado con Sus mandamientos y nos ha ordenado encender las velas de Shabat.

BENDICIÓN PARA LAS VELAS EN FESTIVIDADES

(Debe ir seguida de la bendición de *Shehejeyanu*, en la página 88)

Si una festividad cae en *Shabat*, debemos recitar dos bendiciones sobre las velas: una para *Shabat* y otra para la festividad. Estas bendiciones especiales se dicen sólo durante las festividades, y nos conectan con la energía adicional que se revela en esa festividad. Encendemos primero las velas, luego rodeamos las velas con nuestras manos haciendo un movimiento circular tres veces para atraer la luz hacia nuestra cara. Nos cubrimos los ojos y recitamos esta bendición.

בָּרוּךְ Baruj אַתָּה Atá יְהֹוָה(אדני/יאהדונהי) Adonai
אֱלֹהֵינוּ Eloheinu יל״ה מֶלֶךְ Mélej הָעוֹלָם haolam
אֲשֶׁר asher קִדְּשָׁנוּ kideshanu בְּמִצְוֹתָיו bemitsvotav וְצִוָּנוּ vetsivanu
לְהַדְלִיק lehadlik נֵר ner יהוה אהיה יהוה אלהים יהוה אדני שֶׁל shel
(si la festividad cae en *Shabat* agregar: שַׁבָּת Shabat וְ ve) יוֹם yom טוֹב tov:

Bendito seas Tú, Señor, nuestro Dios, Rey del mundo, Quien nos ha santificado con Sus mandamientos y nos ha ordenado encender las velas de (Shabat y de) la festividad.

BENDICIÓN PARA LAS VELAS DE YOM KIPUR

(Debe ir seguida de la bendición de Shehejeyanu, en la página 88)

Para *Yom Kipur* hay una bendición especial. Encendemos las velas primero, luego rodeamos las velas con nuestras manos tres veces para atraer la luz hacia nuestra cara. Nos cubrimos los ojos y recitamos la bendición.

בָּרוּךְ Baruj אַתָּה Atá יְהֹוָה(אדני/אהדונהי) Adonai אֱלֹהֵינוּ Eloheinu ילה מֶלֶךְ Mélej הָעוֹלָם haolam אֲשֶׁר asher קִדְּשָׁנוּ kideshanu בְּמִצְוֹתָיו bemitsvotav וְצִוָּנוּ vetsivanu לְהַדְלִיק lehadlik נֵר ner יהוה אהיה יהוה אלהים יהוה אדני שֶׁל shel (agregar en Shabat cae en Yom Kipur si : וְ ve) שַׁבָּת Shabat יוֹם yom הַכִּפּוּרִים: haKipurim

Bendito seas Tú, Señor, nuestro Dios, Rey del mundo, Quien nos ha santificado con Sus mandamientos y nos ha ordenado encender las velas de (Shabat y de) el Día de la Expiación.

BENDICIÓN DE SHEHEJEYANU

בָּרוּךְ Baruj אַתָּה Atá יְהֹוָה(אדני/אהדונהי) Adonai אֱלֹהֵינוּ Eloheinu ילה מֶלֶךְ Mélej הָעוֹלָם haolam שֶׁהֶחֱיָנוּ shehejeyanu וְקִיְּמָנוּ vekiyemanu וְהִגִּיעָנוּ vehiguianu לַזְּמַן lazmán הַזֶּה: hazé

Bendito seas Tú, Señor, nuestro Dios, Rey del mundo, quien nos ha mantenido vivos, nos ha sustentado y nos ha traído a este tiempo.

La lectura del Shmá al acostarse

Después de soportar los rigores y la adversidad asociada con el día, el alma está agotada. Cada noche, nuestra alma asciende a los Reinos Superiores para recargarse y rejuvenecerse. Aun si nos quedamos despiertos, parte de nuestra alma se va cuando el Sol se pone y las estrellas han empezado a aparecer en el cielo, y es por este motivo que nos sentimos más cansados a medida que transcurre la noche. Cuanto más negativos estamos, más agotados nos sentimos cuando esta parte de nuestra alma deja nuestro cuerpo. Cada noche, hay una fuerza real que nos induce a dormir para permitir que nuestra alma deje nuestro cuerpo. Recitamos el *Shmá* al acostarnos para atar un cordón umbilical a nuestra alma para que regrese y llene el espacio que ha dejado atrás.

LeShem Yijud

Antes de empezar el *Shmá*, recitamos *LeShem Yijud*. *LeShem Yijud* actúa como una bujía que activa la siguiente serie de oraciones y acciones.

לְשֵׁם leShem יִחוּד yijud קוּדְשָׁא Kudshá בְּרִיךְ Berij הוּא Hu

וּשְׁכִינְתֵּיהּ uShjintei (יאהדונהי) בִּדְחִילוּ bidjilu וּרְחִימוּ urjimu (יאההויהה)

וּרְחִימוּ urjimu וּדְחִילוּ udjilu (איההויהה) לְיַחֲדָא leyajdá שֵׁם Shem יוּ"ד Yud

קִי Kei בְּוָא"ו beVav קִי Kei בְּיִחוּדָא beyijudá עָלִים shlim (יהוה)

*Por el bien de la unificación entre el Santo Bendito y Su Shejiná, con temor y amor
y con amor y temor, con el fin de unificar el Nombre Yud, Kei y Vav, Kei en perfecta unidad,*

LA LECTURA DEL SHMÁ AL ACOSTARSE

בְּשֵׁם beshem כָּל col יֹלֹ יִשְׂרָאֵל Yisrael, הֲרֵינִי hareini מְקַבֵּל mekabel
עָלַי alai אֱלֹהוּתוֹ Elahutó יִתְבָּרַךְ yitbaraj וְאַהֲבָתוֹ veahavató
וְיִרְאָתוֹ veyirató וַהֲרֵינִי vehareini יָרֵא yaré מִמֶּנּוּ mimenu בְּגִין beguín
דְאִיהוּ deihú רַב rav וְשַׁלִּיט veshalit עַל al כּוּלָא culá, וְכוּלָא vejulá
קַמֵּיהּ kamei כְּלָא cla, וַהֲרֵינִי vehareini בַּמְמְלִיכוּ mamlijó עַל al כָּל col יֹלֹ;
עמם אֵבֶר éver וְאֵבֶר veéver וְגִיד veguid וְגִיד vaguid מֵרַמַ״ח meramaj
אֲבָרִים evarim אברהם, ר״ב אל, רי״ו ול״ב נתיבות החכמה, רמ״ח (אברים), עסמ״ב וט״ו אותיות פשוטות
וְשַׁסַ״ה veshasá גִּידִים guidim שֶׁל shel גּוּפִי gufí וְנַפְשִׁי venafshí, רוּחִי rují
וְנִשְׁמָתִי venishmatí מַלְכוּת maljut גְּמוּרָה guemurá וּשְׁלֵמָה ushlemá,
וַהֲרֵינִי vahareini עֶבֶד éved לְהַשֵׁם leHaShem יִתְבָּרַךְ yitbaraj, וְהוּא veHú
בְּרַחֲמָיו berajamav יְזַכֵּנִי yezaqueni לְעָבְדוֹ leovdó בְּלֵבָב belevav בוכו
שָׁלֵם shalem וְנֶפֶשׁ venéfesh וְחֶפְצָה jafetsá אָמֵן Amén יאהדונהי
כֵּן quen יְהִי yehí רָצוֹן ratsón מהש ע״ה, ע״ב ברבוע וקס״א ע״ה, אל שדי ע״ה:

y en el nombre de todo Israel, acepto por la presente sobre mí mismo Su divinidad, Bendito sea Él, y el amor de Él y el miedo de Él. Y por la presente le temo a Él por ser grande, Él Quien reina sobre todas las cosas. Ante Él, todo es insignificante. Por la presente acepto Su soberanía sobre cada órgano y cada tendón de los 248 (una mujer dice 252) órganos y 365 tendones de mi cuerpo, con espíritu inferior, mi Neshamá y mi alma como una soberanía completa y perfecta. Y por la presente me declaro a mí mismo sirviente del Señor, bendito sea Él. Que Él, en Su misericordia, me permita el privilegio de servirle de todo corazón y con espíritu de buena voluntad. Amén, que esta sea Su voluntad.

Ribonó Shel Olam

Antes de recitar esta oración, debemos reflexionar sobre nuestro día y buscar cualquier negatividad que podamos haber causado a los demás, o que los demás nos puedan haber causado. Si una persona se va a dormir albergando cualquier sentimiento negativo hacia otra persona, este sentimiento evitará que ambas almas se eleven a los Mundos Superiores durante la noche. En esta oración, pedimos el perdón de aquellos a quienes hemos causado dolor. Reconocemos que este perdón se aplica a todo lo ocurrido, ya sea intencional o accidental, mediante palabras o mediante actividad física, en esta vida o en vidas pasadas. El concepto de perdonar a otros no tiene nada que ver con la persona a la que estamos perdonando. Espiritualmente, el perdón significa dejar ir el enojo y el resentimiento. Kabbalísticamente, las personas que nos hieren en la vida son simples mensajeros. Nunca debemos culpar al mensajero. Todas nuestras acciones previas, positivas o negativas, están sujetas a un efecto bumerán y finalmente regresarán a nosotros a través de las acciones de otros.

רִבּוֹנוֹ Ribonó שֶׁל shel עוֹלָם olam הֲרֵינִי hareini מוֹחֵל mojel
וְסוֹלֵחַ vesoléaj לְכָל lejol מִי mi שֶׁהִכְעִיס shehijís
וְהִקְנִיט vehiknit אוֹתִי otí אוֹ o שֶׁחָטָא shejatá כְּנֶגְדִּי quenegdí ♦
בֵּין bein בְּגוּפִי begufi בֵּין bein בְּמָמוֹנִי bemamoní בֵּין bein בִּכְבוֹדִי bijvodí
בֵּין bein בְּכָל bejol לִי li ♦ אֲשֶׁר asher בֵּין bein בְּאֹנֶס beones
בֵּין bein בְּרָצוֹן beratsón
בֵּין bein בְּשׁוֹגֵג beshogueg בֵּין bein בְּמֵזִיד bemezid
בֵּין bein בְּדִבּוּר bedibur בֵּין bein בְּמַעֲשֶׂה bemaasé ♦

Señor del Mundo, por la presente perdono e indulto a todo aquel que me ha enojado o me ha irritado o ha pecado contra mí, ya sea contra mi cuerpo, mi dinero, mi honor o cualquier otra cosa que es mía; ya sea por la fuerza o por voluntad propia, ya sea por error o gratuitamente, ya sea a través de palabras o acciones;

LA LECTURA DEL SHMÁ AL ACOSTARSE

בֵּין ajer אַחֵר beguilgul בְּגִלְגּוּל bein בֵּין ze זֶה beguilgul בְּגִלְגּוּל bein
לְכָל lejol יה אדני bar בַּר Yisrael יִשְׂרָאֵל veló וְלֹא yeanesh יֵעָנֵשׁ
שׁוּם shum אָדָם adam מ״ה besibatí בִּסִבָּתִי ♦ yehí יְהִי ratsón רָצוֹן מהש ע״ה, ע״ב
מִלְּפָנֶיךָ milfaneja ס״ג מ״ה ב״ן יְהֹוָאדֹנָי Adonai בריבוע וקס״א ע״ה, אל שדי ע״ה
אֱלֹהַי Elohai מילוי דע״ב, דמ״ב ; ילה veElohei וֵאלֹהֵי לכב ; מילוי דע״ב, דמ״ב ; ילה
אֲבוֹתַי avotai sheló שֶׁלֹּא ejetá אֱוֶטָא od עוֹד♦
וּמַה umá מ״ה shejatati שֶׁוֶּטָאתִי lefaneja לְפָנֶיךָ ס״ג מ״ה ב״ן
מָחוֹק mejok berajameja בְּרַחֲמֶיךָ harabim הָרַבִּים aval אֲבָל
לֹא lo al עַל yedei יְדֵי yisurín יִסוּרִין vejolaim וָחֳלָאִים raim רָעִים:
מ״ב אותיות בפסוק

יִהְיוּ yihyú ייא״י (מילוי דס״ג) leratsón לְרָצוֹן מהש ע״ה, ע״ב בריבוע וקס״א ע״ה, אל שדי ע״ה
אִמְרֵי imrei fi פִי ר״ת אֶלֶף = אלף למד עין למד יוד דלת יוד ע״ה vehegyón וְהֶגְיוֹן libí לִבִּי
לְפָנֶיךָ lefaneja ס״ג מ״ה ב״ן יְהֹוָאדֹנָי Adonai tsurí צוּרִי vegoalí וְגֹאֲלִי:

ya sea en esta encarnación o en cualquier vida pasada, o de cualquiera de los Hijos de Israel, y que nadie sea castigado por mi parte. Que sea Tu voluntad, Señor, mi Dios y Dios de mis antepasados, que no peque de nuevo. Y cualquier pecado que ya haya cometido ante Ti, bórralo con Tu abundante compasión, pero no por medio del sufrimiento y las enfermedades malignas. "¡Que las expresiones de mi boca y los pensamientos de mi corazón sean favorables ante Ti, Señor, mi Roca y mi Redentor!".

Hamapil

Esta bendición garantiza que nuestra alma parta a salvo durante el sueño y regrese a nuestro cuerpo al despertar. Es el cordón de vida entre el cuerpo y el alma.

> Si vas a dormir **antes de medianoche**, di la bendición entera (desde "*baruj Atá*" hasta "*bijvodó*").
> Si vas a dormir **después de la medianoche**, sáltate las palabras "*Adonai Elohenu mélej haolam*" al principio de la bendición, y las palabras "*Atá Adonai*" al final de la bendición.

יל״ה אֱ‍לֹהֵינוּ Eloheinu יְ‍הֹוָ‍ה‍אדני‍איאהדונה‍י Adonai אַתָּה Atá בָּרוּךְ Baruj

וְיִבְלֵי jevlei הַמַּפִּיל hamapil הָעוֹלָם haolam מֶלֶךְ Mélej

עַל al וּתְנוּמָה utnumá דמ״ה רביע עֵינַי einai עַל al שֵׁנָה shená

עַפְעַפַּי רביע דמ״ה‎: afapai וּמֵאִיר umeir לְאִישׁוֹן leishón בַּת bat עַיִן ayin

ע״ה שדי אל ע״ה, יְ‍הִי yehí רָצוֹן ratsón מהש ע״ה, ע״ב בריבוע וקס״א ע״ה,

Elohai אֱלֹהַי Adonai יְ‍הֹוָ‍ה‍אדני‍איאהדונה‍י בּ‍ן מ‍ה ס‍ג milfaneja מִלְּפָנֶיךָ

avotai אֲבוֹתַי; יל״ה; מִילוּי דע״ב, דמ״ב veElohei וֵאלֹהֵי; יל״ה; מִילוּי דע״ב, דמ״ב לכב

vetaamideni וְתַעֲמִידֵנִי leshalom לְשָׁלוֹם shetashkiveni שֶׁתַּשְׁכִּיבֵנִי

uleshalom וּלְשָׁלוֹם tovim טוֹבִים בינה ע״ה, יהוה אהיה אהיה lejayim לְחַיִּים

Bendito seas Tú, Señor, nuestro Dios, Rey del mundo, Quien causa que las ataduras del sueño caigan sobre mis ojos y la pesadez sobre mis párpados, y Quien trae la luz de la vista a la pupila de mi ojo. Que sea de Tu agrado, Señor, mi Dios y Dios de mis padres, que me acuestes en paz y hagas que me levante a una buena vida y a la paz,

LA LECTURA DEL SHMÁ AL ACOSTARSE

vetarguileni וְתַרְגִּילֵנִי	betorateja בְּתוֹרָתֶךָ	jelkí וְחֶלְקִי	vetén וְתֵן	
targuileni תַּרְגִּילֵנִי	veal וְאַל	mitsvá מִצְוָה ראה	lidvar לִדְבַר	
lidei לִידֵי	tevieni תְּבִיאֵנִי	veal וְאַל	averá עֲבֵרָה ראה	lidvar לִדְבַר
lidei לִידֵי	veló וְלֹא	nisayón נִסָּיוֹן	lidei לִידֵי	veló וְלֹא jet חֵטְא
	hatov הַטּוֹב והי	yétser יֵצֶר	bi בִּי	veyishlot וְיִשְׁלוֹט vizayón בִּזָּיוֹן
	hará הָרָע	yétser יֵצֶר	bi בִּי	yishlot יִשְׁלוֹט veal וְאַל
umejolaim וּמֵחֳלָאִים	hará הָרָע	miyétser מִיֵּצֶר	vetatsileni וְתַצִּילֵנִי	
jalomot וַחֲלוֹמוֹת	yavhiluni יַבְהִילוּנִי	veal וְאַל	raim רָעִים	
utehé וּתְהֵא	raim רָעִים	vehirhurim וְהִרְהוּרִים	raim רָעִים	
vehaer וְהָאֵר ס"ג מ"ה ב"ן	lefaneja לְפָנֶיךָ	shlemá שְׁלֵמָה	mitatí מִטָּתִי	
hamávet הַמָּוֶת	ishán אִישַׁן	pen פֶּן דמ"ה	einai עֵינַי ריבוע	
hameir הַמֵּאִיר	Adonai יְהוָֹה אדני־אהדונהי	Atá אַתָּה	Baruj בָּרוּךְ	
bijvodó בִּכְבוֹדוֹ:	culó כֻּלּוֹ דס"ג אותיות ו"י דס"ג ריבוע	laolam לְעוֹלָם		

y que me des mi porción en Tu Torá y me acostumbres a obedecer los mandamientos y no me acostumbres a las transgresiones. No me guíes hacia los pecados, las pruebas o la vergüenza. Deja que la inclinación al bien me gobierne y no permitas que la inclinación al mal me controle. Y sálvame de la inclinación al mal y de enfermedades malignas. No permitas que malos sueños o pensamientos negativos me asusten. Permite que mi cama esté completa ante Ti. Ilumina mis ojos no sea que duerma el sueño de la muerte. Bendito seas Tú, Señor, Quien ilumina al mundo entero con Su gloria.

LA LECTURA DEL SHMÁ AL ACOSTARSE

EL SHMÁ (ahora decimos el Shmá – Ver páginas 67-77)

YALZÚ

Cada acto negativo que llevamos a cabo produce ángeles negativos que nos rodean cada día. Estas entidades negativas son a menudo la causa invisible de todas aquellas cosas que van mal en nuestra vida. Estos versos nos ayudan a eliminar los ángeles negativos y su influencia destructiva.

Jasidim וְחֲסִידִים אהיה דג"פ דמילוי ודמילוי דמילוי, דמילוי דפעוט, ג"פ אם אותיות yalzú יַעְלְזוּ

בִּכָבוֹד bejavod בִּכִי yeranenú יְרַנְנוּ al עַל מִשְׁכְּבוֹתָם mishquevotam:

romemot רוֹמְמוֹת El אֵל (מילוי) יא"י (דס"ג) bigronam בִּגְרוֹנָם

ר"ת קנ"א ב"ן, יהוה אלהים יהוה אדני, מילוי קס"א, מ"ה ברבוע וע"ב ע"ה

vejérev וְחֶרֶב רי"ו pifiyot פִּיפִיּוֹת beyadam בְּיָדָם:

Los piadosos se exultarán en la gloria y cantarán alegremente sobre sus camas.
Elevadas alabanzas de Dios en sus gargantas y una espada de doble filo en sus manos.

HINÉ MITATÓ SHELISHLOMÓ

Los kabbalistas nos enseñan que dormir equivale a 1/60 de la muerte. "¿Hice suficiente cambio espiritual en mi vida durante el día de hoy? ¿Estaría feliz si este fuera mi último día?".

Los versos siguientes contienen 20 palabras; cuando los recitamos tres veces (20 x 3 = 60) corresponden al 1/60 de la muerte que ocurre cuando dormimos.

Medita en que al ir a dormir elevas tu alma, mientras sales del mundo en este momento.

ע"ב ברבוע וקס"א, אל שדי, ד"פ אלהים ע"ה shishim שִׁשִּׁים guiborim גִּבֹּרִים ר"ת מהש, sheliShlomó שֶׁלִּשְׁלֹמֹה mitató מִטָּתוֹ hiné הִנֵּה

culam כֻּלָּם :Yisrael יִשְׂרָאֵל miguiborei מִגִּבֹּרֵי la לָהּ saviv סָבִיב

ish אִישׁ miljamá מִלְחָמָה melumdei מְלֻמְּדֵי jérev וְחֶרֶב ajuzei אֲחֻזֵי

:baleilot בַּלֵּילוֹת mipájad מִפַּחַד yerejó יְרֵכוֹ al עַל ר"י jarbó חַרְבּוֹ

Contempla la cama de Salomón: sesenta hombres poderosos la rodean de entre los poderosos de Israel. Todos ellos van armados con espadas y están entrenados en la batalla, cada uno con su espada preparada a su lado a través del miedo de las noches.

BENDICIÓN DE LOS COHANIM

En esta sección hay 60 letras, lo cual ayuda a nuestra alma a elevarse sin el aspecto negativo de la muerte.

Adonai יְהֹוָאדָנָיאהדונהי yevarejejá יְבָרֶכְךָ **(Derecha – *Jésed*)**

וְיִשְׁמְרֶךָ veyishmereja ר"ת = יהוה ; וס"ת = מ"ה:

panav פָּנָיו | Adonai יְהֹוָאדָנָיאהדונהי yaer יָאֵר **(Izquierda - *Guevurá*)**

אֵלֶיךָ eleja וִיחֻנֶּךָּ vijuneca מנד ; יהה אותיות בפסוק:

eleja אֵלֶיךָ panav פָּנָיו | Adonai יְהֹוָאדָנָיאהדונהי yisá יִשָּׂא **(Central – *Tiféret*)**

veyasem וְיָשֵׂם lejá לְךָ shalom שָׁלוֹם הָאא תיבות בפסוק:

(Derecha) *Que el Señor te bendiga y te proteja.*
(Izquierda) *Que el Señor haga brillar Su rostro sobre ti y te dé gracia.*
(Central) *Que el Señor eleve Su rostro hacia ti y te conceda paz.*

Yoshev Beséter Fi yón

En esta sección hay 60 palabras, que ayudan a nuestra alma a elevarse sin el aspecto negativo de la muerte.

יֹשֵׁב yoshev בְּסֵתֶר beséter ב״פ מצר עֶלְיוֹן elyón בְּצֵל betsel שַׁדָּי Shadai

יִתְלוֹנָן: yitlonán אֹמַר omar לַיהֹוָ‑ה laAdonai מַחְסִי majsí וּמְצוּדָתִי umetsudatí אֱלֹהַי Elohai מילוי דע״ב, דמב ; ילה ; ר״ת אום, מבה, יזל

אֶבְטַח evtaj סיט בּוֹ: bo כִּי qui הוּא Hu יַצִּילְךָ yatsiljá

מִפַּח mipaj ר״ת מיה יָקוּשׁ yakush מִדֶּבֶר midéver הַוּוֹת: havot

בְּאֶבְרָתוֹ beevrató יָסֶךְ yasej לָךְ laj וְתַחַת vetájat כְּנָפָיו quenafav

תֶּחְסֶה tejsé צִנָּה tsiná וְסֹחֵרָה vesojerá אֲמִתּוֹ: amitó לֹא lo תִירָא tirá

מִפַּחַד mipájad לָיְלָה layla מלה מֵחֵץ mejets יָעוּף yauf יוֹמָם: yomam

Aquel que encuentra refugio en el Supremo y habita en la sombra de Shadai, Yo digo del Señor: Él es mi Refugio y mi Fortaleza, mi Dios en Quien pongo mi confianza. Él te librará del lazo de la trampa y de la pestilencia destructiva. Él te cubrirá con Sus Alas y encontrarás refugio bajo Su Plumaje. Su Verdad es un escudo y una armadura. No temerás los terrores de la noche, la flecha que vuela en el día,

midéver מִדֶּבֶר	baófel בָּאֹפֶל	yahaloj יַהֲלֹךְ	mikétev מִקֶּטֶב
yashud יָשׁוּד	tsahoráyim צָהֳרָיִם:	yipol יִפֹּל	mitsidjá מִצִּדְּךָ
élef אֶלֶף	urvavá וּרְבָבָה		mimineja מִימִינֶךָ
eleja אֵלֶיךָ	lo לֹא	yigash יִגָּשׁ:	rak רַק בְּעֵינֶיךָ beeineja
tabit תַבִּיט	veshilumat וְשִׁלֻּמַת	reshaim רְשָׁעִים	tiré תִרְאֶה:
qui כִּי-	Atá אַתָּה	Adonai יְהֹוָה	majsí מַחְסִי.

la pestilencia que avanza en la oscuridad, o la destrucción que golpea al mediodía. Mil caerán a tu lado y diez mil a tu derecha, pero ellos no se acercarán a ti. Sólo les mirarás con tus ojos y verás la retribución de los malvados, porque Tú, el Señor, eres mi Refugio.

VIDUI – CONCIENCIA Y RECONOCIMIENTO

Las dos secciones siguientes ("*ashámnu…*" y "*yehí ratsón…*" en las páginas 99-100) deben decirse sólo entre semana, no en *Shabat*, festividades ni en *Rosh Jódesh*, tampoco en los aniversarios de muerte de los *Tsakidim*.

Todas nuestras acciones negativas dejan un residuo en nuestro cuerpo. Recitar y conectarse con *Vidui* y *Yehí Ratsón* limpia todos estos restos de negatividad, funcionando como el ayuno de *Yom Kipur*.

Mientras recitas el *Vidui*, debes golpear tu pecho con la mano derecha y meditar en sacudir el *Jasadim* (misericordia) y los *Guevurot* (juicios) para que puedan crecer en virtud del *Zivug* (unificación).

Aunque sepas que no cometiste ninguna de las acciones negativas que se mencionan a continuación, debes decir el *Vidui*. Porque todos actuamos como garantes entre nosotros. El *Vidui* se dice en plural porque el *Vidui* está relacionado con otras vidas y otras personas que están conectadas con la raíz de tu alma.

LA LECTURA DEL SHMÁ AL ACOSTARSE

אָנָּא ana בְּ"ן יְ‌הֹ‌וָ‌ה‎אֲ‌דֹ‌נָ‌י Adonai אֱלֹהֵינוּ Eloheinu ילה
וֵאלֹהֵי veElohei לכב ; מילוי ע"ב, דמב ; ילה אֲבוֹתֵינוּ avoteinu. תָּבֹא tavó
לְפָנֶיךָ lefaneja ס"ג מ"ה ב"ן תְּפִלָּתֵנוּ tefilatenu וְאַל veal תִּתְעַלַּם titalam
מַלְכֵּנוּ malquenu מִתְּחִנָּתֵנוּ mitjinatenu. שֶׁאֵין sheein אָנוּ anajnu
עַזֵּי azei אלהים ע"ה, אהיה אדני ע"ה פָנִים fanim וּקְשֵׁי ukshei עוֹרֶף óref
לוֹמַר lomar לְפָנֶיךָ lefaneja ס"ג מ"ה ב"ן יְ‌הֹ‌וָ‌ה‎אֲ‌דֹ‌נָ‌י Adonai
אֱלֹהֵינוּ Eloheinu ילה וֵאלֹהֵי veElohei לכב ; מילוי ע"ב, דמב ; ילה
אֲבוֹתֵינוּ avoteinu צַדִּיקִים tsadikim אֲנַחְנוּ anajnu וְלֹא veló
וְחָטָאנוּ jatanu. אֲבָל aval חָטָאנוּ jatanu. וְחָטָאנוּ jatanu. עָוִינוּ avinu. פָּשַׁעְנוּ pashanu.
אֲנַחְנוּ anajnu וַאֲבוֹתֵינוּ vaavoteinu וְאַנְשֵׁי veanshei בֵיתֵנוּ veitenu ב"פ ראה:
אָשַׁמְנוּ ashamnu. בָּגַדְנוּ bagadnu. גָּזַלְנוּ gazalnu. דִּבַּרְנוּ dibarnu דּוֹפִי dofi
וְלָשׁוֹן velashón הָרָע hará הֶעֱוִינוּ heevinu. וְהִרְשַׁעְנוּ vehirshanu. זַדְנוּ zadnu.
וְחָמַסְנוּ jamasnu. טָפַלְנוּ tafalnu שֶׁקֶר shéker וּמִרְמָה umirmá. יָעַצְנוּ yaatsnu
עֵצוֹת etsot רָעוֹת raot. כִּזַּבְנוּ quizavnu. כָּעַסְנוּ caasnu. לַצְנוּ latsnu.
מָרַדְנוּ maradnu. מִרִינוּ marinu דְבָרֶיךָ devareja. נִאַצְנוּ niatsnu.

Te rogamos, Señor, nuestro Dios y Dios de nuestros padres. Que nuestra oración venga ante Ti y que nuestro Rey no ignore nuestra súplica. Pues no somos arrogantes y tercos para decir ante Ti Señor, nuestro Dios y Dios de nuestros padres, que somos justos y que no hemos pecado. Pues hemos pecado, hemos cometido injusticias, hemos transgredido, nosotros y nuestros padres y las personas de nuestro hogar. א *Somos culpables,* ב *hemos traicionado,* ג *hemos robado,* ד *hemos hablado chismes y palabras malignas,* ה *hemos causado injusticias,* ו *hemos condenado,* ז *hemos sido promiscuos,* ח *hemos hurtado,* , ט *hemos acusado falsamente y engañosamente,* י *hemos dado mal consejo,* כ *hemos mentido,* ך *nos hemos enojado,* ל *nos hemos burlado,* מ *nos hemos sublevado,* ם *nos hemos rebelado contra Tus mandamientos,* נ *hemos despreciado,*

LA LECTURA DEL SHMÁ AL ACOSTARSE

נֶאֱפְנוּ niafnu, **סָרַרְנוּ** sararnu, **עָוִינוּ** avinu, **פָּשַׁעְנוּ** pashanu, **פָּגַמְנוּ** pagamnu.
צָרַרְנוּ tsararnu. **צִעַרְנוּ** tsiarnu **אָב** av **וָאֵם** vaem. **קִשִּׁינוּ** kishinu **עֹרֶף** óref.
רָשַׁעְנוּ rashanu. **שִׁחַתְנוּ** shijatnu. **תִּעַבְנוּ** tiavnu. **תָּעִינוּ** taínu **וְתִעְתַּעְנוּ** vetiatanu
וְסַרְנוּ vesarnu **מִמִּצְוֹתֶיךָ** mimitsvoteja **וּמִמִּשְׁפָּטֶיךָ** umimishpateja
הַטּוֹבִים hatovim **וְלֹא** veló **שָׁוָה** shavá **לָנוּ** lanu אֱלֹהִים, אֶהְיֶה אֲדֹנָי.
וְאַתָּה veAtá **צַדִּיק** tsadik **עַל** al **כָּל** col יל; **הַבָּא** habá עמם; **עָלֵינוּ** aleinu **כִּי** qui
אֱמֶת emet אהיה פעמים אהיה, ז"פ ס"ג **עָשִׂיתָ** asita **וַאֲנַחְנוּ** vaanajnu **הִרְשָׁעְנוּ** hirshanu
Medita para asegurarte de que tus acciones negativas son parte del pasado y ya no forman parte de tu presente:

נ hemos cometido adulterio, **ס** hemos sido pervertidos, **ע** hemos causado maldad, **פ** hemos transgredido, **פ** hemos lastimado, **צ** hemos oprimido, **צ** hemos causado dolor a nuestro padre y nuestra madre, **ק** hemos sido obstinados, **ר** hemos sido malvados, **ש** hemos corrompido, **ת** hemos cometido abominaciones, nos hemos desviado de Tus mandamientos y buenas leyes, y no nos ha beneficiado. Pues Tú eres Justo con relación a todo aquello que nos ha ocurrido, pues Tú has actuado sinceramente y nosotros hemos causado maldad.

יְהִי רָצוֹן מהאל ע"ה, ע"ב בריבוע וקס"א ע"ה, אל עדי ע"ה מ"ה ב"ן יהוה אדני מִלְּפָנֶיךָ ס"ג מ"ה ב"ן יְהֹוָה
אֱלֹהֵינוּ ילה וֵאלֹהֵי לכב ; במילוי דע"ב, דמב ; ילה אֲבוֹתֵינוּ שֶׁאִם וְחָטָאתִי לְפָנֶיךָ ס"ג מ"ה ב"ן
וּפָגַמְתִּי בְּאוֹת (י) עַל עוֹמֵךְ (יהוה) וּבְאוֹת (א) עַל (אדני) שֶׁל יְהֹוָה יי נוֹשָׁב לְפָנֶיךָ ס"ג מ"ה ב"ן
כְּאִלּוּ נִסְקַלְתִּי בַּבֵּית ב"פ ראה דִין עַל יְדֵי אוֹת (א) שֶׁל שֵׁם (אדני). וְאִם וְחָטָאתִי לְפָנֶיךָ
ס"ג מ"ה ב"ן וּפָגַמְתִּי בְּאוֹת (ה) רִאשׁוֹנָה שֶׁל עוֹמֵךְ (יהוה) וּבְאוֹת (ד) שֶׁל שֵׁם (אדני) יְהֹוָה יי
נוֹשָׁב לְפָנֶיךָ ס"ג מ"ה ב"ן כְּאִלּוּ נִשְׂרַפְתִּי בַּבֵּית ב"פ ראה דִין עַל יְדֵי אוֹת (ד) שֶׁל
שֵׁם (אדני). וְאִם וְחָטָאתִי לְפָנֶיךָ ס"ג מ"ה ב"ן וּפָגַמְתִּי בְּאוֹת (ו) עַל עוֹמֵךְ (יהוה) וּבְאוֹת (נ) שֶׁל
(אדני) יְהֹוָה יי נוֹשָׁב לְפָנֶיךָ ס"ג מ"ה ב"ן כְּאִלּוּ נֶהֱרַגְתִּי בַּסַּיִף בַּבֵּית ב"פ ראה דִין עַל
יְדֵי אוֹת (נ) שֶׁל שֵׁם (אדני). וְאִם וְחָטָאתִי לְפָנֶיךָ ס"ג מ"ה ב"ן וּפָגַמְתִּי בְּאוֹת (ה) אַחֲרוֹנָה שֶׁל
עוֹמֵךְ (יהוה) וּבְאוֹת (י) שֶׁל (אדני) יְהֹוָה יי נוֹשָׁב לְפָנֶיךָ ס"ג מ"ה ב"ן כְּאִלּוּ נֶחֱנַקְתִּי בַּבֵּית
ב"פ ראה דִין עַל יְדֵי אוֹת (י) שֶׁל שֵׁם (אדני) (ויחשוב בעצמו כאילו מת על ידי בית דין)

ANÁ BEJÓAJ (ahora recitamos el *Aná Bejóaj* – Ver página 56)

Recita la línea que corresponde a cada noche en particular, el inicio del día siguiente, tres veces.

NAFSHÍ IVITIJA

Según la Kabbalah, la muerte ocurre por dos razones:

1) Una persona ha acumulado tanta negatividad en este tiempo de vida que ya no tiene probabilidades de transformar la naturaleza de su encarnación actual. El proceso de la muerte actúa como un agente limpiador que destruye la naturaleza reactiva del cuerpo. El alma luego regresa en un cuerpo nuevo para empezar de nuevo su trabajo espiritual.

2) El Arí dice que la muerte también ocurre cuando una persona ha alcanzado un cierto nivel de espiritualidad; deja este mundo para reencarnar e iniciar el trabajo hacia el siguiente nivel de crecimiento espiritual.

Este verso nos ayuda a limpiar y a eliminar la naturaleza reactiva de nuestro cuerpo para que no necesitemos atravesar por el proceso de la muerte. Nos permite continuar trabajando hacia niveles espirituales más elevados en nuestra encarnación actual.

nafshí אַוְּשִׁי ivitija אִוִּיתִךָ balayla בַּלַּיְלָה מלה

af אַף rují רוּחִי vekirbí בְקִרְבִּי עדי ashajareca אֲשַׁחֲרֶךָּ

qui כִּי caasher כַּאֲשֶׁר mishpateja מִשְׁפָּטֶיךָ laárets לָאָרֶץ

tsédek צֶדֶק lamdú לָמְדוּ yoshvei יֹשְׁבֵי tevel תֵבֵל ב"ס רי"ו:

Con mi alma Te he deseado a Ti en la noche, y con mi espíritu dentro de mí, Te buscaré temprano en la mañana. Pues cuando Tus juicios estén en la Tierra, los habitantes del mundo aprenderán la rectitud.

LAMENATSÉAJ

El Arí nos enseña que este Salmo nos ayuda a realzar y estimular nuestra memoria. También ayuda a nuestra alma a alcanzar todo su potencial, pues nos motiva a completar todo el trabajo espiritual que vinimos a hacer en este mundo.

lamenatséaj לַמְנַצֵּחַ mizmor מִזְמוֹר leDavid לְדָוִד: bevó בְּבוֹא־ elav אֵלָיו

Natán נָתָן Hanaví הַנָּבִיא caasher כַּאֲשֶׁר־ ba בָּא el אֶל־

Batshavá בַּת־שֶׁבַע: joneni וְחָנֵּנִי Elohim אֱלֹהִים אהיה אדני ; יל"ה

quejasdeja כְּחַסְדֶּךָ querov כְּרֹב rajameja רַחֲמֶיךָ mejé מְחֵה

feshaai פְּשָׁעָי: hérev הֶרֶב (כתיב: הרבה) cabseni כַּבְּסֵנִי

meavoní מֵעֲוֹנִי umejatati וּמֵחַטָּאתִי tahareni טַהֲרֵנִי: qui כִּי feshaai פְשָׁעַי

ani אֲנִי edá אֵדָע אני נגד, מזבח, ז, אל יהוה vejatati וְחַטָּאתִי negdí נֶגְדִּי

tamid תָמִיד ע"ה קס"א קנ"א קמ"ג: lejá לְךָ levadeja לְבַדְּךָ jatati חָטָאתִי

vehará וְהָרַע beeineja בְּעֵינֶיךָ ע"ה קס"א ; ריבוע דמ"ה asiti עָשִׂיתִי lemaan לְמַעַן

titsdak תִּצְדַּק bedovreja בְדָבְרֶךָ tizqué תִּזְכֶּה veshofteja בְשָׁפְטֶךָ: hen הֵן

beavón בְּעָווֹן jolalti חוֹלָלְתִּי uvejet וּבְחֵטְא yejematni יֶחֱמַתְנִי imí אִמִּי:

Para el Músico Principal, un Salmo de David, cuando Natán, el profeta, vino a él después de que él (David) se hubiera acercado a Batsheva: Ten misericordia de mí, Dios, y de acuerdo a Tu compasión y la multitud de Tus misericordias, borra mis transgresiones. Limpia mis injusticias y purifícame de mis pecados, porque reconozco mis pecados y mis transgresiones están ante mí, siempre. He pecado sólo ante Ti y he hecho este mal ante Tus ojos; estás justificado cuando hablas y eres claro en Tu juicio. Yo nací en la injusticia y mi madre me concibió en pecado.

hen הֵן	emet אֱמֶת	אהיה סעמיס אהיה, ז"פ ס"ג	וְחָפַצְתָּ jafatsta	בַטֻּחוֹת vatujot
uvesatum וּבְסָתֻם	jojmá וְחָכְמָה	= במילוי תרי"ג (מצוות)	תּוֹדִיעֵנִי todieni
tejateni תְּחַטְּאֵנִי	veezov בְאֵזוֹב	veethar וְאֶטְהָר	תְּכַבְּסֵנִי tejabseni
umishéleg וּמִשֶׁלֶג	אלף אלף אלף (ה"ג אהיה)	אַלְבִּין albín	תַּשְׁמִיעֵנִי tashmieni
sasón שָׂשׂוֹן	vesimjá וְשִׂמְחָה	תָּגֵלְנָה taguelna	עֲצָמוֹת atsamot	דִּכִּיתָ diquita
haster הַסְתֵּר	paneja פָּנֶיךָ	מֵחֲטָאָי mejataai	וְכָל־ vejol
avonotai עֲוֹנֹתַי	mejé מְחֵה	lev לֵב	tahor טָהוֹר	berá בְּרָא
li לִי	Elohim אֱלֹהִים	verúaj וְרוּחַ
najón נָכוֹן	jadesh חַדֵּשׁ	bekirbí בְּקִרְבִּי
al אַל	tashlijeni תַּשְׁלִיכֵנִי	milfaneja מִלְּפָנֶיךָ
verúaj וְרוּחַ	kodshejá קָדְשְׁךָ	al אַל	tikaj תִּקַּח	mimeni מִמֶּנִּי
hashivá הָשִׁיבָה	li לִי	sesón שְׂשׂוֹן	yisheja יִשְׁעֶךָ	verúaj וְרוּחַ
nedivá נְדִיבָה	tismejeni תִסְמְכֵנִי	alameda אֲלַמְּדָה	foshim פֹשְׁעִים
derajeja דְּרָכֶיךָ	vejataim וְחַטָּאִים	eleja אֵלֶיךָ	yashuvu יָשׁוּבוּ

Tú deseas verdad y Tú me informarás de la más oculta sabiduría. Púrgame con mejorana y estaré limpio. Lávame y estaré más blanco que la nieve. Hazme escuchar alegría y dicha, para que los huesos que Tú has roto se regocijen. Oculta Tu rostro de mis pecados y limpia todas mis injusticias. Crea para mí un corazón puro y renueva el espíritu correcto dentro de mí. No me alejes de Tu presencia y no retengas Tu Espíritu Santo de mí. Restáurame la alegría de Tu salvación y sostenme con Tu espíritu libre. Entonces les enseñaré a los transgresores Tus caminos, y los pecadores regresarán a Ti.

LA LECTURA DEL SHMÁ AL ACOSTARSE

הַצִּילֵנִי hatsileni מִדָּמִים midamim אֱלֹהִים Elohim אהיה אדני ; ילה
אֱלֹהֵי Elohei מילוי דע"ב, דמב ; ילה תְּשׁוּעָתִי teshuatí תְּרַנֵּן teranén לְשׁוֹנִי leshoní
צִדְקָתֶךָ tsidkateja : אֲדֹנָי Adonai ללה שְׂפָתַי sefatai תִּפְתָּח tiftaj וּפִי ufí
יַגִּיד yaguid י"ז (כ"ב אותיות (=אבא) וה' אותיות מז(וזר) תְּהִלָּתֶךָ tehilateja ס"ת בוכו: כִּי qui
לֹא lo תַחְפֹּץ tajpots זֶבַח zévaj וְאֶתֵּנָה veetena נתה, קס"א קנ"א קמ"ג עוֹלָה olá
לֹא lo תִרְצֶה tirtsé זִבְחֵי zivjei אֱלֹהִים Elohim אהיה אדני ; ילה רוּחַ rúaj
נִשְׁבָּרָה nishbará ר"ת ג"פ אלהים (וימתיקם בעם ס"ג עב ס"ת) לֵב lev נִשְׁבָּר nishbar
וְנִדְכֶּה venidqué ר"ת אלהים, אהיה אדני אֱלֹהִים Elohim אהיה אדני ; ילה
לֹא lo תִבְזֶה tivzé ר"ת ה"פ אלהים ע"ה ; ס"ת מילוי דע"ב :
הֵיטִיבָה heitiva בִרְצוֹנְךָ virtsonjá אֶת־ et צִיּוֹן Tsiyón יוסף, ו' הויות, קנאה
תִּבְנֶה tivné חוֹמוֹת jomot ע"ה קס"א קנ"א קמ"ג יְרוּשָׁלָיִם Yerushaláyim :
אָז az תַחְפֹּץ tajpots זִבְחֵי־ zivjei צֶדֶק tsédek עוֹלָה olá וְכָלִיל vejalil
אָז az יַעֲלוּ yaalú עַל־ al מִזְבַּחֲךָ mizbajajá פָרִים farim :

Sálvame de la culpa de la sangre, Dios; Tú eres el Dios de mi salvación. Mi lengua cantará Tu alabanza. Señor, abre mis labios y mi corazón dirá Tu alabanza. Tú no deseas sacrificios y no quieres las ofrendas que yo doy. Los sacrificios para Dios son un espíritu roto y un corazón roto y arrepentido. No desprecies, Dios. Embellece a Sión con Tu bondad y construye los muros de Jerusalén. Entonces estarás satisfecho con los sacrifcios de la rectitud: las ofrendas quemadas y las ofrendas completas. Entonces se colocarán bueyes sobre Tu altar.

Im Tishcav

Estos cinco versos actúan como una fianza sobre nuestra alma, garantizando que regresará a nosotros en la mañana.

אִם־ im יוהך, מ"א אותיות דפעולט, דמילוי ודמילוי דמילוי דאהיה ע"ה תִשְׁכַּב tishcav לֹא־ lo תִפְחָד tifjad וְשָׁכַבְתָּ veshajavta וְעָֽרְבָה vearvá שְׁנָתֶֽךָ׃ shnateja

אַתָּה Atá סֵֽתֶר séter ב"פ מצר ר"ת סאל, אמן (יאהדונהי) לִי li ר"ת סאל, אמן (יאהדונהי) מִצַּר mitsar ; ר"ת מצר תִּצְּרֵנִי titsreni רָנֵּי ranei פַלֵּט fálet תְּסוֹבְבֵֽנִי tesoveveni סֶֽלָה׃ sela סמאל תּוֹדִיעֵֽנִי todieni אֹֽרַח óraj חַיִּים jayim אהיה אהיה יהוה, בינה ע"ה שֹֽׂבַע sova שְׂמָחוֹת smajot אֶת et פָּנֶֽיךָ paneja ס"ג מ"ה ב"ן נְעִמוֹת neimot בִּֽימִינְךָ biminjá נֶֽצַח׃ Nétsaj אַתָּה Atá תָקוּם takum כ"א ההויות שבתפילין תְּרַחֵם terajem ג"פ רי"ו ; אברהם, וז"פ אל, רי"ו ול"ב נתיבות החכמה, רמ"ז (אברים), עסמ"ב וט"ז אותיות פשוטות צִיּוֹן Tsiyón יוסף, ו' הויות, קנאה כִּי־ qui עֵת et לְחֶנְנָהּ lejenená כִּי qui בָא va מוֹעֵד׃ moed בְּיָדְךָ beyadjá אַפְקִיד afkid

רוּחִי rují ר"ת קנ"א ב"ן, יהוה אלהים יהוה אדני, מילוי קס"א וס"ג, מ"ה ברבוע וע"ב ע"ה פָּדִיתָה padita אוֹתִי otí יְהוָה Adonai ר"ת פאי, אמן (יאהדונהי) אֵל El יא"י (מילוי דס"ג) אֱמֶת׃ emet אהיה פעמים אהיה, ז"פ ס"ג.

Si te acuestas, no temerás. Te acostarás y tu sueño será dulce. Tú eres mi refugio. Tú me protegerás de las dificultades. Tú me rodearás con canciones de liberación. Infórmame sobre el camino de la vida. En Tu presencia es la plenitud de alegría. En Tu Mano, hay amabilidad por la eternidad. Te elevarás para tener misericordia sobre Sión, pues ha llegado el momento de la compasión. Pues el momento ha llegado. En Tus Manos confío mi espíritu, pues Tú me redimirás, Señor, Dios verdadero.

Netilat Yadáyim – Lavado de manos antes de la comida

El pan es un conducto poderoso para la energía espiritual. Lavamos nuestras manos antes de comer pan porque hay fuerzas externas negativas que obtienen su energía de nuestras manos, especialmente de las uñas en el extremo de nuestros dedos. Deseamos anular estas fuerzas negativas para que no puedan tomar de la energía de nuestro alimento. Lavar nuestras manos también nos separa de la energía de *aní* (*pobre*) y nos conecta a la energía de *ashir* (rico). Las tres últimas palabras de esta bendición son *Al Netilat Yadaim*. La primera letra de cada una de estas tres palabras forma *aní* עָנִי, arameo para "una persona pobre". Las dos últimas letras de cada una de estas tres palabras: *Áyin Lámed* עַל, *Lámed Tav* לַת y *Yud Mem* יִם, tienen el mismo valor numérico que la palabra *ashir* עָשִׁיר, que significa "una persona rica".

Para lavar nuestras manos antes de la comida, sostenemos el recipiente para el lavado en nuestra mano derecha, lo llenamos de agua y lo pasamos a nuestra mano izquierda. Luego, vaciamos el agua con la mano izquierda sobre la mano derecha dos veces (correspondiendo a las letras *Yud* y *Hei*) y luego vaciamos agua con la mano derecha sobre la mano izquierda dos veces (correspondiendo a las letras *Vav* y la última *Hei*). Frotamos nuestras manos una con otra y las levantamos al nivel de los ojos antes de secarlas y decimos la bendición que aparece a continuación.

בָּרוּךְ baruj (אל)   אַתָּה Atá (רחום)   יְהֹוָהאדנייאהדונהי Adonai (וחנון)
אֱלֹהֵינוּ Eloheinu (ילד) (ארך)   מֶלֶךְ Mélej (אפים)   הָעוֹלָם haolam (ורב חסד)
אֲשֶׁר asher (ואמת)   קִדְּשָׁנוּ kideshanu (נצר חסד)   בְּמִצְוֹתָיו bemitsvotav (לאלפים)
וְצִוָּנוּ vetsivanu (נשא עון)   עַל al (ופשע)   נְטִילַת netilat (וחטאה)   יָדָיִם yadáyim (ונקה):

*Bendito seas Tú, Señor, nuestro Dios, Rey del mundo,
Quien nos ha santificado con Sus mandamientos y nos ha ordenado sobre el lavado de manos*

Hamotsí – Bendición para el pan (hecho de trigo, cebada, centeno, avena o espelta)

בָּרוּךְ Baruj   אַתָּה Atá   יְהֹוָהאדנייאהדונהי Adonai
אֱלֹהֵינוּ Eloheinu   ילד   מֶלֶךְ Mélej   הָעוֹלָם haolam
הַמּוֹצִיא hamotsí   לֶחֶם léjem   מִן min   הָאָרֶץ hahaárets:

Bendito seas Tú, Señor, nuestro Dios, Rey el Universo, Quien produce el pan de la Tierra.

Bendiciones para la comida

Bendición es una palabra confusa. Sus connotaciones sugieren que estamos alabando o dando las gracias a Dios por los alimentos que comemos. Sin embargo, la verdad es que Dios no necesita ni quiere nuestro agradecimiento. Ni tampoco vinimos a este mundo para cantar alabanzas a Dios; vinimos para convertirnos en la causa y los creadores de nuestra propia dicha, felicidad y Luz. Para darnos esta oportunidad, la Luz (el paraíso) fue ocultada. Nuestro trabajo consiste en encontrarla.

Considera el caso de la comida. Si simplemente comemos comida sin recitar las bendiciones, la chispa de Luz dentro de la comida permanece dormida e inactiva; todo lo que recibimos de la comida es nutrición, que sólo constituye el uno por ciento de la energía de la comida. Pero cuando recitamos bendiciones sobre la comida, encedemos la chispa Divina que hay en su interior, lo cual nos permite recibir tanto el uno por ciento de su energía que nutre nuestros cuerpos como el 99 por ciento de su energía que alimenta nuestra alma.

Al recitar la bendición, nos convertimos en la causa de la revelación de Luz en la comida. Ahora la comida no sólo proporciona nutrición sino también sanación, bienestar y satisfacción espiritual. Según el Kabbalista del siglo XVI, Rav Isaac Luria (el Arí), un cuerpo que sólo está lleno de nutrientes se vuelve inevitablemente oscuro y espiritualmente agobiado. Además, la comida que se come sin que su Luz sea liberada a través de la bendición, alimentará a las fuerzas negativas que habitan dentro del cuerpo como resultado de un comportamiento egoísta y reactivo. Cuando bendecimos la comida, encendemos la Luz, y cualquier fuerza negativa que haya en nuestro interior se ve privada de alimento.

Para activar la Luz contenida en la comida sujetamos la comida en nuestra mano derecha y recitamos la bendición apropiada para el alimento que estamos a punto de comer.

Mezonot – Bendición para granos que no sean pan o matsot

(Pastas, tortas, galletas, cereales, tostadas, tartas, pastelería, arroz, etc.)

בָּרוּךְ Baruj   אַתָּה Atá   יְהֹוָה (אֲדֹנָי/יֶאֱהדוֹנֹהי) Adonai   אֱלֹהֵינוּ Eloheinu יהּ

מֶלֶךְ Mélej   הָעוֹלָם haolam   בּוֹרֵא boré   מִינֵי minei   מְזוֹנוֹת: mezonot

Bendito seas Tú, Señor, nuestro Dios, Rey el Universo, Quien crea especies de alimento.

BENDICIONES PARA LA COMIDA

HAGUEFEN – Bendición para el vino o jugo de uvas

בָּרוּךְ Baruj   אַתָּה Atá   יְ־הֹוָ־ה/אֲדֹנָי Adonai   אֱלֹהֵינוּ Eloheinu   ילה
מֶלֶךְ Mélej   הָעוֹלָם haolam   בּוֹרֵא boré   פְּרִי pri   הַגֶּפֶן haguefen׃

Bendito seas Tú, Señor, nuestro Dios, Rey el Universo, Creador del fruto de la vid.

HAETS – Bendición para frutas que crecen en árboles
(Manzanas, peras, naranjas, etc.)
(Si no estás seguro que el fruto procede de un árbol, recita la bendición *Haadamá* más abajo)

בָּרוּךְ Baruj   אַתָּה Atá   יְ־הֹוָ־ה/אֲדֹנָי Adonai   אֱלֹהֵינוּ Eloheinu   ילה
מֶלֶךְ Mélej   הָעוֹלָם haolam   בּוֹרֵא boré   פְּרִי pri   הָעֵץ haets׃

Bendito seas Tú, Señor, nuestro Dios, Rey el Universo, Quien crea el fruto del árbol.

HAADAMÁ – Bendición para frutas y vegetales que vienen de la tierra
(Fresas, zanahorias, bananos, frijoles, etc.)

בָּרוּךְ Baruj   אַתָּה Atá   יְ־הֹוָ־ה/אֲדֹנָי Adonai   אֱלֹהֵינוּ Eloheinu   ילה
מֶלֶךְ Mélej   הָעוֹלָם haolam   בּוֹרֵא boré   פְּרִי pri   הָאֲדָמָה haadamá׃

Bendito seas Tú, Señor, nuestro Dios, Rey el Universo, Quien crea el fruto de la tierra.

SHEHACOL – Bendición para alimentos sin un origen particular o distinguible
(Productos lácteos, huevos, dulces, carne y ave, pescado, agua, bebidas que no sean vino, etc.)

בָּרוּךְ Baruj   אַתָּה Atá   יְ־הֹוָ־ה/אֲדֹנָי Adonai   אֱלֹהֵינוּ Eloheinu   ילה
מֶלֶךְ Mélej   הָעוֹלָם haolam   שֶׁהַכֹּל shehacol   נִהְיָה nihyá   בִּדְבָרוֹ bidvaró׃

Bendito seas Tú, Señor, nuestro Dios, Rey el Universo, a través de Cuya palabra todo empezó a existir.

Bircat Hamazón

Bircat Hamazón: la bendición sobre el pan y la comida, es nuestra herramienta que permite que las energías físicas y espirituales se digieran y se procesen adecuadamente, para que así podamos beneficiarnos de esta energía.

Como sabemos, la comida contiene chispas de almas, y a través de esta bendición podemos elevar aquellas que están en nuestra comida, y ayudarlas con su *Tikún*.

La Primera Bendición – El Mundo de Atsilut/Emanación

(En *Shabat* medita en: יוד ויו דלת)

Dios dio sustento al mundo entero. Ahora estamos recibiendo el poder del sustento y la prosperidad. Pero hay un requerimiento: debemos entender que todo aquello que poseemos es solamente un préstamo. Todo el sustento se origina del Creador. Ser conscientes de esto garantiza que mantengamos nuestro sustento toda nuestra vida, evitando así la montaña rusa financiera que asedia a muchas familias. Si creemos que somos los arquitectos y los proveedores de nuestra propia riqueza, nos abrimos al Satán y al potencial de subidas y bajadas y pérdidas de sustento.

בָּרוּךְ Baruj אַתָּה Atá יְהֹוָהאדני Adonai אֱלֹהֵינוּ Eloheinu מֶלֶךְ Mélej הָעוֹלָם haolam, הַזָּן hazán אֶת et הָעוֹלָם haolam כֻּלוֹ culó, בְּטוּבוֹ betuvó בְּחֵן bején בְּחֶסֶד bejésed וּבְרַחֲמִים uverajamim, הוּא Hu נֹתֵן notén לֶחֶם léjem לְכָל lejol בָּשָׂר basar כִּי qui לְעוֹלָם leolam וְחַסְדּוֹ jasdó:

Bendito seas Tú, Señor, nuestro Dios, Rey del Universo, quien nutre al mundo entero, en Su bondad: con gracia, con amabilidad y con misericordia. Él da alimento a toda carne, pues Su bondad es eterna.

BIRCAT HAMAZÓN

וּבְטוּבוֹ uvetuvó הַגָּדוֹל hagadol, תָּמִיד tamid לֹא lo וְחָסֵר jasar
לָנוּ lanu, וְאַל veal יֶחְסַר yejsar לָנוּ lanu מָזוֹן mazón
לְעוֹלָם leolam וָעֶד vaed, בַּעֲבוּר baavur שְׁמוֹ Shemó הַגָּדוֹל hagadol,
כִּי qui הוּא Hu אֵל El זָן zan וּמְפַרְנֵס umefarnés לַכֹּל lacol
וּמֵטִיב umetiv לַכֹּל lacol, וּמֵכִין umejín מָזוֹן mazón לְכֹל lejol
בְּרִיּוֹתָיו briyotav אֲשֶׁר asher בָּרָא bará כָּאָמוּר caamur:

Y mediante Su gran bondad, nunca nos ha faltado, y que nunca nos falte alimento para toda la eternidad. Por la gracia de Su Gran Nombre porque Él es Dios quien alimenta y sostiene a todos, beneficia a todos y prepara comida para todas Sus criaturas que Él ha creado. Como está dicho:

POTÉAJ ET YADEJA

Nos conectamos con las letras *Pei, Álef* y *Yud* abriendo nuestras manos con nuestras palmas en dirección al cielo.

.Nuestra conciencia está enfocada en recibir sustento y prosperidad financiera de la Luz a través de nuestras acciones personales de dar el diezmo y de compartir, nuestro Deseo de Recibir para Compartir. Al hacerlo, también reconocemos que el sustento que recibimos viene de una fuente superior y que no es fruto de nuestras acciones.

Según la Kabbalah, si no meditamos en esta idea en este punto, debemos repetir la oración.

BIRCAT HAMAZÓN

פתח (ע״ע׳׳זז נהירין למ״ה ולס״ה)
יוד הי ויו הי יוד' הי ויו הי (וז' וזיוורתי)
אלף למד אלף למד (ע״ע)
יוד הא ואו הא (לו׳׳א)
אדני (ולנוקבא)

פּוֹתֵחַ potéaj **אֶת** et **יָדֶךָ** yadeja ר״ת פאי וס״ת וזתך עם ג' אותיות = דִּיקַרְנוֹסָא

ובאתב״ע הוא סאל, פאי, אמן, יאהדונהי ; ועוד יכוין עם וזתך בעילוב יהוה – יְוֹהָדְתוּכָה

Atraemos abundancia y sustento de *Jojmá* de *Zeir Anpín*

יוד הי ויו הי יוד הי ויו הי דלת הי ויו הי יוד הי ויו הי יוד

וזתך סאל יאהדונהי

וּמַשְׂבִּיעַ umasbía וזתך עם ג' אותיות = דִּיקַרְנוֹסָא

ובא״ת ב״ש הוא סאל, אמן, יאהדונהי ; ועוד יכוין עם וזתך בעילוב יהוה – יְוֹהָדְתוּכָה

Atraemos abundancia y sustento de *Jojmá* de *Zeir Anpín*

יוד הי ויו הי יוד הי ויו הי דלת הי ויו הי יוד הי ויו הי יוד

לְכָל־ lejol יה אדני (להמשיך מווזין ד-יה אל הנוקבא שהיא אדני)

וַזִי jai כל וזי = אהיה אהיה יהוה, בינה ע״ה, וזיים

רָצוֹן ratsón מהש ע״ה, ע״ב ברבוע וקס״א ע״ה, אל שדי ע״ה

ר״ת רוזל שהיא המלכות הצריכה לשפע

יוד יוד הי ויו יוד הי ויו הי יוד הי יסוד דאבא אלף הי יוד הי יסוד דאימא

להמתיק רוזל וב' דמעין שך פר

בָּרוּךְ Baruj **אַתָּה** Atá **יְהֹוָה**יאהדונהי Adonai **הַזָּן** hazán **אֶת** et **הַכֹּל**: hacol

"Abre Tu mano, y satisface el deseo de todo ser viviente. Bendito seas Tú, Señor, Quien lo alimenta todo".

La Segunda Bendición – El Mundo de Briá/Creación

(En *Shabat* medita en: הי יוד)

נוֹדֶה nodé לְךָ lejá יְהֹוָה(אדני אהדונהי) Adonai אֱלֹהֵינוּ Eloheinu עַל al

שֶׁהִנְחַלְתָּ shehinjalta לַאֲבוֹתֵינוּ laavoteinu, אֶרֶץ érets וְחֶמְדָּה jemda

טוֹבָה tova וּרְחָבָה urjava, וְעַל veal שֶׁהוֹצֵאתָנוּ shehotsetanu

יְהֹוָה(אדני אהדונהי) Adonai אֱלֹהֵינוּ Eloheinu מֵאֶרֶץ meérets מִצְרַיִם Mitsráyim,

וּפְדִיתָנוּ ufditanu מִבֵּית mibeit עֲבָדִים avadim, וְעַל veal בְּרִיתְךָ britjá

שֶׁחָתַמְתָּ shejatamta בִּבְשָׂרֵנוּ bivsarenu, וְעַל veal תּוֹרָתְךָ Toratjá

שֶׁלִּמַּדְתָּנוּ shelimadetanu, וְעַל veal חֻקֶּיךָ jukejá

שֶׁהוֹדַעְתָּנוּ shehodaatanu, וְעַל veal חַיִּים jayim וְחֵן jen וָחֶסֶד vajésed

שֶׁחוֹנַנְתָּנוּ shejonantanu, וְעַל veal אֲכִילַת ajilat מָזוֹן mazón

שָׁאַתָּה sheAtá זָן zan וּמְפַרְנֵס umfarnés אוֹתָנוּ otanu תָּמִיד tamid,

בְּכָל bejol יוֹם yom וּבְכָל uvejol עֵת et וּבְכָל uvejol שָׁעָה shaá:

Te damos las gracias, Señor, nuestro Dios, porque has dado a nuestros antepasados como herencia una tierra deseable, buena y amplia; porque nos sacaste, Señor, nuestro Dios, de la tierra de Egipto y nos redimiste de la casa de la esclavitud; por Tu alianza que sellaste en nuestra carne; por Tu Torá que nos enseñaste y por Tus estatutos que Tu nos diste a conocer; por la vida, la gracia y la benevolencia que nos has concedido; y por la provisión de comida con la que nos alimentas y nos sostienes constantemente, cada día, en cada estación y a cada hora.

Janucá y Purim

Estos acontecimientos generan una dimensión adicional a la energía de los milagros. Esta bendición nos ayuda a aprovechar ese poder para poder atraer milagros a nuestra vida siempre que realmente los necesitemos.

וְעַל veal הַנִּסִּים hanisim וְעַל veal הַפֻּרְקָן hapurkán•

וְעַל veal הַגְּבוּרוֹת haguevurot• וְעַל veal הַתְּשׁוּעוֹת hateshuot

וְעַל veal הַנִּפְלָאוֹת haniflaot וְעַל veal הַנֶּחָמוֹת hanejamot

שֶׁעָשִׂיתָ sheasita לַאֲבוֹתֵינוּ laavoteinu בַּיָּמִים bayamim וגו׳ הָהֵם hahem

בַּזְּמַן bazmán הַזֶּה hazé ובו׳:

Para Janucá

בִּימֵי bimei מַתִּתְיָה Matityá בֶּן ven יוֹחָנָן Yojanán כֹּהֵן Cohen מלה

גָּדוֹל gadol וְחַשְׁמוֹנָאִי Jashmonai וּבָנָיו uvanav להו ; עם ד׳ אותיות = מהב, יזל, אום

כְּשֶׁעָמְדָה kesheamdá מַלְכוּת maljut יָוָן Yaván הָרְשָׁעָה harshaá עַל al

עַמְּךָ amjá יִשְׂרָאֵל Yisrael לְשַׁכְּחָם leshacjam תּוֹרָתֶךָ Torataj

וּלְהַעֲבִירָם ulehaaviram מֵחֻקֵּי mejukei רְצוֹנֶךָ retsonaj• וְאַתָּה ve'Atá

בְּרַחֲמֶיךָ verajameja הָרַבִּים harabim עָמַדְתָּ amadeta לָהֶם lahem בְּעֵת beet

צָרָתָם tsaratam• רַבְתָּ ravta אֶת et רִיבָם rivam• דַּנְתָּ danta אֶת et

דִּינָם dinam• נָקַמְתָּ nakamta מנק אֶת et נִקְמָתָם nikmatam מנק•

Y también por los milagros, la liberación, los actos poderosos, la salvación, las maravillas y las acciones reconfortantes que Tú has realizado para nuestros antepasados, en aquellos días y en estos tiempos.

En los días de Matityahu, el hijo de Yojanán, el Sumo Sacerdote, los Jasmonaitas y sus hijos, cuando el malvado Imperio Griego se sublevó contra Tu nación, Israel, para forzarles a olvidar Tu Torá y para forzarles a alejarse de las leyes de Tu deseo, Tú, con Tu compasión, te alzaste en su defensa, en su momento de dificultad. Tú luchaste sus batallas, buscaste justicia para ellos, los vengaste en su nombre.

מָסַרְתָּ masarta גִּבּוֹרִים guiborim בְּיַד beyad וְחַלָּשִׁים vejalashim.
וְרַבִּים verabim בְּיַד beyad מְעַטִּים meatim. וּרְשָׁעִים ureshaim בְּיַד beyad
צַדִּיקִים tsadikim. וּטְמֵאִים utmeim בְּיַד beyad טְהוֹרִים tehorim.
וְזֵדִים vezedim בְּיַד beyad עוֹסְקֵי oskei תוֹרָתֶךָ Torateja. לְךָ lejá
עָשִׂיתָ asita שֵׁם shem גָּדוֹל gadol לְהוּ ; עִם ד' אוֹתִיוֹת = מבה, יזל, אום
וְקָדוֹשׁ vekadosh בְּעוֹלָמָךְ beolamaj. וּלְעַמְּךָ uleamjá יִשְׂרָאֵל Yisrael
עָשִׂיתָ asita תְּשׁוּעָה teshuá גְדוֹלָה guedolá וּפֻרְקָן ufurkán
כְּהַיּוֹם quehayom ע"ה נגד, מזבוז, זן, אל יהוה הֲזֶה hazé והו. וְאַחַר veajar כָּךְ caj
בָּאוּ bau בָנֶיךָ vaneja לִדְבִיר lidvir רי"י בֵּיתֶךָ beiteja ב"פ ראה
וּפִנּוּ ufinú אֶת et הֵיכָלֶךָ heijaleja. וְטִהֲרוּ vetiharú אֶת et
מִקְדָּשֶׁךָ mikdasheja. וְהִדְלִיקוּ vehidliku נֵרוֹת nerot בְּחַצְרוֹת bejatsrot
קָדְשֶׁךָ kodsheja. וְקָבְעוּ vekavú שְׁמוֹנַת shemonat יְמֵי yemei חֲנֻכָּה Janucá
אֵלּוּ elu בְּהַלֵּל behalel אדני, ללה, וּבְהוֹדָאָה uvehodaá. וְעָשִׂיתָ veasita
עִמָּהֶם imahem נִסִּים nisim וְנִפְלָאוֹת veniflaot וְנוֹדֶה venodé לְשִׁמְךָ leShimjá
הַגָּדוֹל hagadol לְהוּ ; עִם ד' אוֹתִיוֹת = מבה, יזל, אום סֶלָה sela:

y entregaste a los fuertes en las manos de los débiles, los muchos en manos de los pocos, los malvados en manos de los justos, los corruptos en manos de los puros. Y los tiranos en las manos de aquellos que se ocupan con Tu Torá. Para Ti mismo, Tú hiciste un Nombre Sagrado en Tu mundo, y para Tu pueblo, Israel, Tú llevaste a cabo una gran salvación y liberación en este día. Entonces tus hijos vinieron al Santuario de Tu Casa, limpiaron Tu Palacio, purificaron Tu Templo, encendieron velas en los patios de Tu dominio Sagrado, e instituyeron aquellos ocho días de Janucá para alabar y dar las gracias. Y realizaste para ellos milagros y maravillas. Por eso, estamos agradecidos a Tu gran Nombre, ¡Sela!

Para Purim:

בִּימֵי bimei מָרְדְּכַי Mordejái וְאֶסְתֵּר veEster עם האותיות = מילוי אדני
בְּשׁוּשָׁן beShushán הַבִּירָה habirá. כְּשֶׁעָמַד queshamad עֲלֵיהֶם aleihem
הָמָן Hamán הָרָשָׁע haRashá. בִּקֵּשׁ bikesh לְהַשְׁמִיד lehashmid לַהֲרוֹג laharog
וּלְאַבֵּד uleabed אֶת et כָּל col יְלִי הַיְּהוּדִים hayehudim מִנַּעַר minaar וְעַד vead
זָקֵן zakén טַף taf וְנָשִׁים venashim בְּיוֹם beyom ע"ה נגד, מזבח, זן, אל יהוה
אֶחָד ejad אהבה, דאגה בִּשְׁלֹשָׁה bishloshá עָשָׂר asar לְחֹדֶשׁ lejódesh
שְׁנֵים shneim י"ב היות, קס"א קנ"א עָשָׂר asar הוּא hu וְחֹדֶשׁ jódesh י"ב היות, קס"א קנ"א
אֲדָר Adar וּשְׁלָלָם ushlalam לָבוֹז lavoz. וְאַתָּה veAtá בְּרַחֲמֶיךָ verajameja
הָרַבִּים harabim הֵפַרְתָּ hefarta אֶת et עֲצָתוֹ atsató וְקִלְקַלְתָּ vekilkalta
אֶת et מַחֲשַׁבְתּוֹ majshavtó. וַהֲשֵׁבוֹתָ vahashevota לוֹ lo גְּמוּלוֹ guemuló
בְּרֹאשׁוֹ beroshó. וְתָלוּ vetalú אוֹתוֹ otó וְאֶת veet בָּנָיו banav עַל al הָעֵץ haets.
וְעָשִׂיתָ veasita עִמָּהֶם imahem נִסִּים nisim וְנִפְלָאוֹת veniflaot וְנוֹדֶה venodé
לְשִׁמְךָ leShimjá הַגָּדוֹל hagadol לחו ; עם ד' אותיות = מבה, יוד, אום סֶלָה sela:

En los días de Mordejái y Ester, en Shushán, la capital, cuando el malvado Hamán se sublevó contra ellos, él buscaba destruir, asesinar y aniquilar a todos los judíos, jóvenes y mayores, niños y mujeres, en un día, en el decimotercer día del doceavo mes, que es el mes de Adar, y tomar sus botines, pero Tú, en Tu gran compasión, arruinaste su plan, frustraste su diseño y volviste su deuda contra su propia cabeza. Ellos le ahorcaron a él y a sus hijos sobre el cadalso. Y realizaste para ellos (Israel) milagros y maravillas. Por eso, damos gracias a Tu gran Nombre, ¡Sela!

וְעַל veal הַכֹּל hacol יְהֹוָהאדנילאהדונהי Adonai אֱלֹהֵינוּ Eloheinu
אֲנַחְנוּ anajnu מוֹדִים modim לָךְ laj, וּמְבָרְכִים umevarjim אוֹתָךְ otaj,
יִתְבָּרַךְ yitbaraj שִׁמְךָ Shimjá בְּפִי befí כָּל col חַי jai
תָּמִיד tamid לְעוֹלָם leolam וָעֶד vaed. כַּכָּתוּב cacatuv:
וְאָכַלְתָּ veajalta וְשָׂבָעְתָּ vesavata וּבֵרַכְתָּ uverajta אֶת et
יְהֹוָהאדנילאהדונהי Adonai אֱלֹהֶיךָ Eloheja עַל al הָאָרֶץ haárets הַטֹּבָה hatová
אֲשֶׁר asher נָתַן natán לָךְ laj: בָּרוּךְ Baruj אַתָּה Atá
יְהֹוָהאדנילאהדונהי Adonai עַל al הָאָרֶץ haárets וְעַל veal הַמָּזוֹן hamazón:

Por todo, Señor, nuestro Dios, Te damos las gracias y Te bendecimos. Que Tu nombre sea bendecido por la boca de todo ser viviente, continuamente, por toda la eternidad. Como está escrito: "Y comerás y te saciarás y bendecirás al Señor, tu Dios, por la buena tierra que Él te dio". Bendito seas Tú, Señor, por la tierra y por el alimento.

LA TERCERA BENDICIÓN - EL MUNDO DE YETSIRÁ/FORMACIÓN

(En *Shabat* medita en: ויו יוד ויו)

Ten misericordia de Israel.

La palabra *Rajem* (misericordia) tiene un valor numérico de 248, el mismo valor que tiene el nombre Avraham. Avraham era conocido por tener una misericordia constante por todas las personas. 248 es también el número de las partes físicas y espirituales del cuerpo de un individuo. Un método garantizado para generar energía de sanación para las 248 partes de nuestro cuerpo es comportarnos con misericordia hacia los demás, tal como hizo Avraham. Esta bendición es nuestro puente levadizo a los Mundos Superiores, pues nos trae la Luz sanadora a cada una de las partes de nuestro cuerpo. Cuando vivimos nuestra vida con misericordia hacia los demás, el puente baja y la energía fluye. Cuando nos comportamos de otra forma, el puente se recoge, cortando así el flujo energético.

BIRCAT HAMAZÓN

רַחֵם rajem נָא na יְהֹוָהאדושםיאהדונהי Adonai אֱלֹהֵינוּ Eloheinu, עַל al יִשְׂרָאֵל Yisrael עַמֶּךָ ameja, וְעַל veal יְרוּשָׁלַיִם Yerushaláyim עִירֶךָ ireja, וְעַל veal צִיּוֹן Tsiyón מִשְׁכַּן mishkán כְּבוֹדֶךָ quevodeja, וְעַל veal מַלְכוּת maljut בֵּית beit דָּוִד David מְשִׁיחֶךָ meshijeja, וְעַל veal הַבַּיִת habayit הַגָּדוֹל hagadol וְהַקָּדוֹשׁ vehakadosh שֶׁנִּקְרָא shenikrá שִׁמְךָ Shimjá עָלָיו alav. אֱלֹהֵינוּ Eloheinu, אָבִינוּ avinu, רְעֵנוּ reenu, זוּנֵנוּ zunenu פַּרְנְסֵנוּ parnesenu וְכַלְכְּלֵנוּ vejalquelenu, וְהַרְוִיחֵנוּ veharvijenu, וְהַרְוַח veharvaj לָנוּ lanu יְהֹוָהאדושםיאהדונהי Adonai אֱלֹהֵינוּ Eloheinu מְהֵרָה meherá מִכָּל micol צָרוֹתֵינוּ tsaroteinu. וְנָא vená, אַל al תַּצְרִיכֵנוּ tatsrijenu יְהֹוָהאדושםיאהדונהי Adonai אֱלֹהֵינוּ Eloheinu, לֹא lo לִידֵי lidei מַתְּנַת matnat בָּשָׂר basar וָדָם vadam וְלֹא veló לִידֵי lidei הַלְוָאָתָם halvaatam. כִּי qui אִם im לְיָדְךָ leyadjá הַמְּלֵאָה hamleá, הַפְּתוּחָה haptujá, הַקְּדוֹשָׁה hakdoshá וְהָרְחָבָה veharjavá, שֶׁלֹּא sheló נֵבוֹשׁ nevosh וְלֹא veló נִכָּלֵם nicalem לְעוֹלָם leolam וָעֶד vaed:

Ten misericordia, por favor Señor, nuestro Dios, sobre Israel Tu pueblo; sobre Jerusalén, Tu ciudad, sobre Sión, el lugar donde descansa Tu gloria; sobre la monarquía de la casa de David, Tu ungido; y sobre la gran y sagrada casa por la cual Tu Nombre es llamado. Nuestro Dios, nuestro Padre: cuídanos, aliméntanos, sostennos, alivianos; Señor, nuestro Dios, líbranos pronto de todos nuestros problemas. Por favor, no nos hagas necesitados, Señor nuestro Dios, de los regalos de manos humanas ni de sus préstamos, sino sólo de Tu mano que está llena, abierta, y que es sagrada y generosa, que no sintamos vergüenza ni humillación, por siempre jamás.

Para Shabat:

En *Bircat HaMazón*, con el fin de hacer la conexión con la energía de *Shabat* en la tercera bendición añadimos "*Retsé Vehajalitsenu*". La tercera bendición está relacionada con el reino de *Zeir Anpín*, la dimensión y la fuente de toda la Luz espiritual que fluye hacia nuestro reino.

También la palabra "*Hajalitsenu*" significa "libéranos"; la tercera bendición está relacionada con el Mundo de la Formación que, durante los días de semana, está gobernada por el Ángel *Matatrón* (no pronunciar) y en *Shabat* nos gustaría estar desconectados de él y ser elevados a dimensiones superiores (el Mundo de *Atsilut* y más arriba).

רְצֵה retsé וְהַחֲלִיצֵנוּ vehajalitsenu יְהֹוָ‌ָהדאהדונהי Adonai אֱלֹהֵינוּ Eloheinu
בְּמִצְוֹתֶיךָ bemitsvoteja וּבְמִצְוַת uvemitsvat יוֹם yom הַשְּׁבִיעִי hashevií,
הַשַּׁבָּת haShabat הַגָּדוֹל hagadol וְהַקָּדוֹשׁ vehakadosh הַזֶּה hazé.
כִּי qui יוֹם yom זֶה ze גָּדוֹל gadol וְקָדוֹשׁ vekadosh הוּא hu לְפָנֶיךָ lefaneja,
לִשְׁבָּת lishbot בּוֹ bo וְלָנוּחַ velanúaj בּוֹ bo בְּאַהֲבָה beahavá
כְּמִצְוַת quemitsvat רְצוֹנֶךָ retsoneja. וּבִרְצוֹנְךָ uvirtsonjá הָנִיחַ haníaj
לָנוּ lanu יְהֹוָ‌ָהדאהדונהי Adonai אֱלֹהֵינוּ Eloheinu, שֶׁלֹּא sheló
תְהֵא tehé צָרָה tsará וְיָגוֹן veyagón וַאֲנָחָה vaanajá בְּיוֹם beyom
מְנוּחָתֵנוּ menujatenu. וְהַרְאֵנוּ veharenu יְהֹוָ‌ָהדאהדונהי Adonai אֱלֹהֵינוּ Eloheinu
בְּנֶחָמַת benejamat צִיּוֹן Tsiyón עִירֶךָ ireja, וּבְבִנְיַן uvevinyán
יְרוּשָׁלַיִם Yerushaláyim עִיר ir קָדְשֶׁךָ kodsheja, כִּי qui אַתָּה Atá
הוּא Hu בַּעַל báal הַיְשׁוּעוֹת hayeshuot וּבַעַל uvaal הַנֶּחָמוֹת hanejamot:

Acepta y refuérzanos, Señor, nuestro Dios, con Tus preceptos y con el precepto del Séptimo Día, este Shabat grande y sagrado. Este día es grande y sagrado ante Ti para descansar en él y estar satisfecho por él en amor, tal como ordena Tu voluntad. Que sea Tu voluntad, Señor, nuestro Dios, que no haya aflicción, pena ni lamentos en este día de nuestro reposo. Y muéstranos, Señor, nuestro Dios el consuelo de Sión, Tu ciudad y la reconstrucción de Jerusalén, ciudad de Tu santidad, pues Tú eres el Señor de la salvación y el Señor de las consolaciones.

En Rosh Jódesh (Inicio de un nuevo mes lunar) y Festividades:

Durante estos eventos, encontramos una oleada adicional de energía espiritual a nuestro alrededor. Tenemos una bendición adicional que es nuestra antena para atraer este poder extra.

Eloheinu אֱלֹהֵינוּ veElohei וֵאלֹהֵי avoteinu אֲבוֹתֵינוּ yaalé יַעֲלֶה veyavó וְיָבֹא

veyaguía וְיַגִּיעַ veyeraé וְיֵרָאֶה veyeratsé וְיֵרָצֶה veyishamá וְיִשָּׁמַע

veyipaked וְיִפָּקֵד veyizajer וְיִזָּכֵר zijronenu זִכְרוֹנֵנוּ vezijrón וְזִכְרוֹן

avoteinu אֲבוֹתֵינוּ. zijrón זִכְרוֹן Yerushaláyim יְרוּשָׁלַיִם iraj עִירָךְ.

vezijrón וְזִכְרוֹן Mashíaj מְשִׁיחוֹ ben בֶּן David דָּוִד avdaj עַבְדֶּךָ. vezijrón וְזִכְרוֹן

col כָּל amjá עַמְּךָ beit בֵּית Yisrael יִשְׂרָאֵל lefaneja לְפָנֶיךָ lifletá לִפְלֵיטָה

letová לְטוֹבָה. lején לְחֵן lejésed לְחֶסֶד ulerajamim וּלְרַחֲמִים.

lejayim לְחַיִּים tovim טוֹבִים uleshalom וּלְשָׁלוֹם. beyom בְּיוֹם:

Rosh Jódesh En: רֹאשׁ Rosh הַחֹדֶשׁ haJódesh הַזֶּה hazé.

Pésaj En: חַג Jag הַמַּצוֹת haMatsot הַזֶּה hazé.

beyom בְּיוֹם (en festividad agregar: טוֹב tov) מִקְרָא mikrá קֹדֶשׁ kódesh הַזֶּה hazé.

Sucot En: חַג Jag הַסֻּכּוֹת haSucot הַזֶּה hazé.

beyom בְּיוֹם (en festividad agregar: טוֹב tov) מִקְרָא mikrá קֹדֶשׁ kódesh הַזֶּה hazé.

Dios y el Dios de nuestros antepasados, que se eleven, alcancen, sean notados, sean favorecidos, sean escuchados y sean recordados: nuestra propia conmemoración y consideración; la conmemoración de nuestros antepasados; la conmemoración de Jerusalén, la ciudad de Tu santidad, la conmemoración de Tu pueblo entero, la familia de Israel: ante Ti para liberación, para bondad, para gracia, para amabilidad y para compasión, para (buena) vida y paz en este día de:

En Rosh Jódesh: *Este Rosh Jódesh*

En Pésaj: *Esta festividad de Matsot, en este día de santa convocación.*

En Sucot: *Esta festividad de Sucot, en este día de santa convocación.*

BIRCAT HAMAZÓN

En Sheminí Atséret. שְׁמִינִי Shemini וְחַג Jag הָעֲצֶרֶת haAtséret הַזֶּה hazé.
בְּיוֹם beyom טוֹב tov מִקְרָא mikrá קֹדֶשׁ kódesh הַזֶּה hazé.
En Shavuot: וְחַג Jag הַשָּׁבוּעוֹת haShavuot הַזֶּה hazé.
בְּיוֹם beyom טוֹב tov מִקְרָא mikrá קֹדֶשׁ kódesh הַזֶּה hazé.
Rosh Hashaná En: הַזִּכָּרוֹן haZicarón הַזֶּה hazé.
Niños que comen en Yom Kipur: הַכִּפֻּרִים haKipurim הַזֶּה hazé.

לְרַחֵם lerajem בּוֹ bo עָלֵינוּ aleinu וּלְהוֹשִׁיעֵנוּ ulehoshienu. זָכְרֵנוּ zojrenu
יְהֹוָה Adonai אֱלֹהֵינוּ Eloheinu בּוֹ bo לְטוֹבָה letová. **(אָמֵן** (Amén)**.**
וּפָקְדֵנוּ ufokdenu בּוֹ vo לִבְרָכָה livrajá. **(אָמֵן** (Amén)**.**
וְהוֹשִׁיעֵנוּ vehoshienu בּוֹ vo לְחַיִּים lejayim טוֹבִים tovim. **(אָמֵן** (Amén)**.**
בִּדְבַר bidvar יְשׁוּעָה yeshuá וְרַחֲמִים verajamim וְחוּס jus
וְחָנֵּנוּ vejonenu וַחֲמוֹל vajamol וְרַחֵם verajem עָלֵינוּ aleinu
וְהוֹשִׁיעֵנוּ vehoshienu כִּי qui אֵלֶיךָ eleja עֵינֵינוּ eineinu.
כִּי qui אֵל El מֶלֶךְ Mélej חַנּוּן janún וְרַחוּם verajum אַתָּה Atá:

En Sheminí Atséret: *Sheminí Atséret esta festividad, en este día de convocación sagrada.*
En Shavuot: *Esta festividad de Shavuot, en este día de convocación sagrada.*
En Rosh Hashaná: *Este Día de conmemoración*
Niños que comen en Yom Kipur: *Este Kipurim*

Recuérdanos en él, Señor, nuestro Dios, por bondad; considéranos en él para la bendición; y ayúdanos en él para una buena vida. En materia de salvación y compasión, piedad, sé gentil y Misericordioso con nosotros y ayúdanos, pues nuestros ojos están volteados hacia Ti, porque Tú eres Dios, el Rey agraciado y Misericordioso.

Uvné Yerusháláyim

La tercera bendición finaliza con el verso *Jerusalén será construida con misericordia*.
La razón por la cual el Templo de Jerusalén fue destruido hace 2.000 años fue debido al *Odio sin Motivo*. Este tipo de odio es el epítome de una carencia total de misericordia y tolerancia ente una persona y otra. La única forma en que el Templo será reconstruido, físicamente, es a través del poder del *Amor sin Motivo*, que es la misericordia incondicional y la dignidad humana hacia nuestros amigos y enemigos.

Curiosamente, la Kabbalah nos enseña que el Templo ya existe espiritualmente. Podemos manifestarlo físicamente por virtud de nuestro amor incondicional por los demás. Cada año que el Templo no aparece, es como si lo hubiéramos destruido de nuevo. Es esta destrucción la que causa todo el caos en nuestro mundo.

bimherá בִּמְהֵרָה hakódesh הַקֹדֶשׁ ir עִיר Yerusháláyim יְרוּשָׁלָיִם uvné וּבְנֵה

Adonai יְהוָֹהאהדונהי Atá אַתָּה Baruj בָּרוּךְ ◆ veyameinu בְּיָמֵינוּ

Amén אָמֵן ◆ Yerusháláyim יְרוּשָׁלָיִם verajamav בְּרַחֲמָיו boné בּוֹנֶה

Que reconstruyas Jerusalén, la ciudad sagrada, pronto y en nuestros días.
Te alabamos a Ti, Dios, Quien en misericordia reconstruye Jerusalén. Amén.

La Cuarta Bendición—El Mundo de Asiyá/Acción

(En *Shabat* medita en: הֵ י יוד)

Hatov Vehametiv–Todo lo bueno que Dios ha hecho, está haciendo y hará por nosotros. Esta bendición significa que todo lo que Dios nos da es lo que necesitamos y no necesariamente lo que podamos desear. Si nos falta algo en nuestra vida, significa que no nos corresponde tenerlo. Debemos intentar siempre recibir todo lo que la vida puede ofrecernos, pero no debemos permitir ser controlados por el resultado de nuestros esfuerzos para recibir. Debemos aprender a apreciar plenamente y a estar completamente felices con todo lo que tenemos en el presente y no enfocar nuestros esfuerzos en alcanzar el siguiente nivel de éxito como una condición para nuestra felicidad.

BIRCAT HAMAZÓN

בָּרוּךְ Baruj אַתָּה Atá יְהֹוָה Adonai אֱלֹהֵינוּ Eloheinu מֶלֶךְ Mélej הָעוֹלָם haolam, הָאֵל haEl אָבִינוּ avinu מַלְכֵּנוּ malkenu, אַדִירֵנוּ adirenu, בּוֹרְאֵנוּ borenu, גּוֹאֲלֵנוּ goalenu, יוֹצְרֵנוּ yotsrenu, קְדוֹשֵׁנוּ kedoshenu קְדוֹשׁ kedosh יַעֲקֹב Yaakov, רוֹעֵנוּ roenu רוֹעֵה roé יִשְׂרָאֵל Yisrael. הַמֶּלֶךְ haMélej הַטּוֹב hatov, וְהַמֵּטִיב vehametiv לַכֹּל lacol, שֶׁבְּכָל shebejol יוֹם yom וָיוֹם vayom הוּא Hu הֵטִיב hetiv, הוּא Hu מֵטִיב metiv, הוּא Hu יֵיטִיב yetiv לָנוּ lanu. הוּא Hu גְּמָלָנוּ guemalanu, הוּא Hu גּוֹמְלֵנוּ gomlenu, הוּא Hu יִגְמְלֵנוּ yigmelenu לָעַד laad לְחֵן lején וּלְחֶסֶד ulejésed וּלְרַחֲמִים ulerajamim וּלְרֶוַח ulrévaj, הַצָּלָה hatsalá וְהַצְלָחָה vehatslajá, בְּרָכָה brajá וִישׁוּעָה vishuá, נֶחָמָה nejamá פַּרְנָסָה parnasá וְכַלְכָּלָה vejalcalá, וְרַחֲמִים verajamim, וְחַיִּים vejayim וְשָׁלוֹם veshalom, וְכָל vejol טוּב tuv, וּמִכָּל umicol טוּב tuv לְעוֹלָם leolam אַל al יְחַסְּרֵנוּ yejasrenu.

Bendito seas Tú, Señor, nuestro Dios, Rey del Universo, el Todopoderoso, nuestro Padre, nuestro Rey, nuestro Soberano, nuestro Redentor, nuestro Creador, nuestro Santísimo, Santo de Jacob, nuestro Pastor, el Pastor de Israel, el Rey que es bueno y que hace el bien para todos. Pues cada día Él hizo el bien, Él hace el bien y nos hará el bien a nosotros. Él fue bondadoso con nosotros, Él es bondadoso con nosotros y siempre será bondadoso con nosotros; con gracia y con amabilidad y con misericordia, con alivio, salvación, éxito, bendición, ayuda, consolación, sustento, apoyo, misericordia, paz y todo lo bueno; y de todas las cosas buenas que nunca nos prive.

HaRajamán

En estas siguientes bendiciones, le pediremos a Dios por todo: salud, felicidad, sustento, la redención final. Cualquier cosa que se te ocurra, se la estamos pidiendo. Los kabbalistas preguntan cuál es el propósito de rezar por todo. O Dios lo tiene en las cartas que vamos a recibir, o no lo tiene. La razón por la cual pedimos tiene que ver con el ego, que es el único obstáculo para recibir cualquier forma de plenitud duradera. Si una persona no puede admitirse a sí mismo que necesita a Dios, entonces nunca puede recibir Luz. No importa cuántas acciones positivas hagamos, no importa que tan inteligentes seamos, sin admitir y reconocer que necesitamos la Luz del Creador, nunca podremos recibir plenitud permanente.

הָרַחֲמָן, haRajamán

הוּא Hu יִמְלֹךְ yimloj עָלֵינוּ aleinu לְעוֹלָם leolam וָעֶד vaed.

הָרַחֲמָן, haRajamán

הוּא Hu יִתְבָּרַךְ yitbarej בַּשָּׁמַיִם bashamáyim וּבָאָרֶץ uvaárets.

הָרַחֲמָן, haRajamán הוּא Hu יִשְׁתַּבַּח yishtabaj לְדוֹר ledor דוֹרִים dorim,

וְיִתְפָּאַר veyitpaar בָּנוּ banu לָעַד laad וּלְנֵצַח ulenétsaj נְצָחִים netsajim,

וְיִתְהַדַּר veyithadar בָּנוּ banu לָעַד laad וּלְעוֹלְמֵי uleolmei עוֹלָמִים olamim.

הָרַחֲמָן, haRajamán הוּא Hu יְפַרְנְסֵנוּ yefarnesenu בְּכָבוֹד vejavod.

¡El Misericordioso! Que reine sobre nosotros por siempre. ¡El Misericordioso! Que sea bendito en el Cielo y en la Tierra. ¡El Misericordioso! Que sea alabado a lo largo de todas las generaciones, que sea glorificado a través de nosotros por siempre hasta el fin de los fines, y sea honrado a través de nosotros por siempre y para toda la eternidad. ¡El Misericordioso! Que nos sustente en honor.

הָרַחֲמָן, haRajamán

הוּא Hu יִשְׁבֹּר yishbor עֻלֵּנוּ ulenu מֵעַל meal צַוָּארֵנוּ tsavarenu

וְהוּא veHu יוֹלִיכֵנוּ yolijenu קוֹמְמִיּוּת komemiyut לְאַרְצֵנוּ leartsenu.

הָרַחֲמָן, haRajamán, הוּא Hu

יִשְׁלַח yishlaj לָנוּ lanu בְּרָכָה brajá מְרֻבָּה merubá בַּבַּיִת babait הַזֶּה hazé

וְעַל veal שֻׁלְחָן shuljan זֶה ze שֶׁאָכַלְנוּ sheajalnu עָלָיו alav.

הָרַחֲמָן, haRajamán, הוּא Hu יִשְׁלַח yishlaj לָנוּ lanu אֶת et אֵלִיָּהוּ Eliyahu

הַנָּבִיא Hanaví זָכוּר zajur לַטּוֹב latov (3x) וִיבַשֶּׂר vivaser לָנוּ (lanu

בְּשׂוֹרוֹת besorot טוֹבוֹת tovot יְשׁוּעוֹת yeshuot וְנֶחָמוֹת venejamot.

הָרַחֲמָן, haRajamán

הוּא Hu יְבָרֵךְ yevarej אֶת et הָרַב haRav רַבִּי rabí מוֹרִי morí בַּעַל báal

הַבַּיִת habayit הַזֶּה hazé, וְאֶת veet הָרַבָּנִית haRabanit מוֹרָתִי morati

בַּעֲלַת baalat הַבַּיִת habayit הַזֶּה hazé. וְאֶת veet אוֹתָם otam וְאֶת veet בֵּיתָם beitam

וְאֶת veet זַרְעָם zaram וְאֶת veet כָּל col אֲשֶׁר asher לָהֶם lahem.

¡El Misericordioso! Que rompa el yugo de la opresión de nuestros cuellos y nos guíe con la cabeza en alto a nuestra tierra. ¡El Misericordioso! Que nos envíe bendiciones abundantes a esta casa y sobre esta mesa en la cual hemos comido. ¡El Misericordioso! Que nos envíe a Elías el Profeta –él es recordado para bien– para proclamarnos buenas noticias, salvación y consolación. ¡El Misericordioso! Que Él bendiga a mi rabino, mi maestro, el señor de esta casa y a mi rabanit, mi maestra, la mujer de esta casa; ellos, su casa, su familia y todo lo que es suyo.

BIRCAT HAMAZÓN

En tu mesa di:

הָרַחֲמָן haRajamán, הוּא Hu יְבָרֵךְ yevarej אוֹתִי otí (וְאָבִי וְאִמִּי veaví veimí) וְאִשְׁתִּי veishtí וְזַרְעִי vezarí וְאֶת veet כָּל col אֲשֶׁר asher לִי li. וְאֶת veet כָּל col הַחֲבֵרִים hajaverim בְּכָל bejol מְקוֹמוֹתָם mekomotam אוֹתָם otam וְאֶת veet בֵּיתָם beitam וְאֶת veet זַרְעָם zaram וְאֶת veet כָּל col אֲשֶׁר asher לָהֶם lahem אוֹתָנוּ otanu וְאֶת veet כָּל col אֲשֶׁר asher לָנוּ lanu, כְּמוֹ quemó שֶׁנִּתְבָּרְכוּ shenitbarjú אֲבוֹתֵינוּ avoteinu אַבְרָהָם Avraham יִצְחָק Yitsjak וְיַעֲקֹב veYaakov: בַּכֹּל bacol, מִכֹּל micol, כֹּל col. כֵּן quen יְבָרֵךְ yevarej אוֹתָנוּ otanu כֻּלָּנוּ culanu יַחַד yájad, בִּבְרָכָה bivrajá שְׁלֵמָה shelemá, וְנֹאמַר venomar אָמֵן Amén: בַּמָּרוֹם bamarom יְלַמְּדוּ yelamdú עֲלֵיהֶם aleihem וְעָלֵינוּ vealeinu זְכוּת zejut, שֶׁתְּהֵא shetehé לְמִשְׁמֶרֶת lemishméret שָׁלוֹם shalom, וְנִשָּׂא venisá בְּרָכָה brajá מֵאֵת meet יְהֹוָה Adonai וּצְדָקָה utsdaká מֵאֱלֹהֵי meElohei יִשְׁעֵנוּ yishenu, וְנִמְצָא venimtsá חֵן jen וְשֵׂכֶל veséjel טוֹב tov בְּעֵינֵי beeinei אֱלֹהִים Elohim וְאָדָם veadam.

> *El Misericordioso me bendecirá a mí (a mi padre y a mi madre), a mi esposa y a mi descendencia y a todo lo que poseo.*
> Y a todos los amigos en todos los lugares que se encuentren, a ellos, a sus casas, a su descendencia y a todo lo que poseen. A nosotros y todo lo que es nuestro igual que a nuestros antepasados Avraham, Yitsjak y Yaakov fueron bendecidos en todo, de todo, con todo. Que Él nos bendiga a todos juntos con una bendición perfecta. Y déjanos decir: Amén. En lo alto, que el mérito se declare sobre ellos y sobre nosotros, para una garantía de paz. Que recibamos una bendición del Señor y simplemente amabilidad del Dios de nuestra salvación y encontremos favor y buen entendimiento en los ojos de Dios y del hombre.

Durante la bendición para la circuncisión recitamos lo siguiente

Jésed — חסד

הָרַחֲמָן, haRajamán

הוּא Hu יְבָרֵךְ yevarej אֶת et אֲבִי aví הַיֶּלֶד hayéled וְאִמּוֹ veimó, וְיִזְכּוּ veyizkú
לְגַדְּלוֹ legadló וּלְחַנְּכוֹ ulejanjó וּלְחַכְּמוֹ ulejacmó, בְּיוֹם miyom
הַשְּׁמִינִי hasheminí וְהָלְאָה vahala יֵרָצֶה yeratsé דָּמוֹ damó,
וִיהִי vihí יְהֹוָה Adonai אֱלֹהָיו Elohav עִמּוֹ imó. (אָמֵן Amén)

Guevurá — גבורה

הָרַחֲמָן, haRajamán, הוּא Hu יְבָרֵךְ yevarej בַּעַל báal בְּרִית brit
הַמִּילָה hamilá, אֲשֶׁר asher שָׂשׂ sas לַעֲשׂוֹת laasot צֶדֶק tsédek בְּגִילָה beguilá,
וִישַׁלֵּם vishalem פָּעֳלוֹ paoló וּמַשְׂכֻּרְתּוֹ umascurtó כְּפוּלָה quefulá,
וְיִתְּנֵהוּ veyitnehu לְמַעְלָה lemala לְמַעְלָה lemala. (אָמֵן Amén)

Tiféret — תפארת

הָרַחֲמָן, haRajamán, הוּא Hu יְבָרֵךְ yevarej רַךְ raj הַנִּמּוֹל hanimol
לִשְׁמוֹנָה lishmoná, וְיִהְיוּ veyihyú יָדָיו yadav וְלִבּוֹ velibó לָאֵל laEl
אֱמוּנָה emuná, וְיִזְכֶּה veyizqué לִרְאוֹת lirot פְּנֵי penei הַשְּׁכִינָה haShejiná,
שָׁלֹשׁ shalosh פְּעָמִים peamim בַּשָּׁנָה bashaná. (אָמֵן Amén)

¡El Misericordioso! Que bendiga al padre y a la madre del niño; que tengan el mérito de criarlo, de entrenarlo, de educarlo para que sea un erudito. Desde el octavo día en adelante su sangre está aceptada; que el Señor, su Dios, esté con él. ¡El Misericordioso! Que bendiga al sandek en la circuncisión, quien felizmente realizó su buena acción en alegría. Que Él recompense su acción y doble su recompensa y lo exalte cada vez más alto. ¡El Misericordioso! Que Él bendiga al tierno infante quien ha sido circuncidado en el octavo día; que sus manos y su corazón sean fieles al Todopoderoso, y que tenga el mérito de contemplar la Divina Presencia tres veces al año.

Nétsaj נצח

הָרַחֲמָן haRajamán, הוּא Hu יְבָרֵךְ yevarej הַמָּל hamal בְּשַׂר besar
הָעֲרְלָה haorlá, וּפָרַע ufará וּמָצַץ umatsats דְּמֵי demei הַמִּילָה hamilá, אִישׁ ish
הַיָּרֵא hayaré וְרַךְ veraj הַלֵּבָב halevav עֲבוֹדָתוֹ avodató פְּסוּלָה pesulá,
אִם im שָׁלֹשׁ shlosh אֵלֶּה ele לֹא lo יַעֲשֶׂה yaasé לָהּ la. (אמן Amén)

Hod הוד

הָרַחֲמָן haRajamán, הוּא Hu יִשְׁלַח yishlaj לָנוּ lanu בְּמֵשִׁיווֹ meshijó הוֹלֵךְ holej תָּמִים tamim,
בִּזְכוּת bizjut וְיִתֵּן jatán לַמּוֹהֵל lamulot דָּמִים damim, לְבַשֵּׂר levaser
בְּשׂוֹרוֹת besorot טוֹבוֹת tovot וְנִחוּמִים venijumim, לְעַם leam אֶחָד ejad
מְפֻזָּר mefuzar וּמְפֹרָד umeforad בֵּין bein הָעַמִּים haamim. (אמן Amén)

Yesod יסוד

הָרַחֲמָן haRajamán, הוּא Hu יִשְׁלַח yishlaj לָנוּ lanu
כֹּהֵן Cohén צֶדֶק tsédek אֲשֶׁר asher לֻקַּח lukaj לְעֵילוֹם leeilom,
עַד ad הוּכַן huján כִּסְאוֹ quisó כַּשֶּׁמֶשׁ cashémesh וְיַהֲלוֹם veyahalom,
וַיָּלֶט vayalet פָּנָיו panav בְּאַדַּרְתּוֹ beadartó, וַיִּגְלֹם vayiglom בְּרִיתִי brití
הָיְתָה haytá אִתּוֹ itó הַחַיִּים hajayim וְהַשָּׁלוֹם vehashalom: (אמן Amén)

¡El Misericordioso! Que Él bendiga al mohel que realizó la circuncisión, la periá y la metsitsá. Si un hombre de corazón débil o tímido falla en llevar a cabo estas tres partes de la mitsvá, su servicio es inválido. ¡El Misericordioso! Que nos envíe Su Mashíaj quien camina en la perfección, en mérito del derramamiento de sangre del novio en la circuncisión, para traernos buenos augurios y consolaciones a la única nación dispersa y esparcida entre las naciones. ¡El Misericordioso! Que Él nos envíe al sacerdote justo [Elijá], quien fue llevado al ocultamiento, hasta que su asiento resplandeciente como el Sol y las piedras preciosas esté preparado para él; quien cubrió su cara con su manto y se envolvió a sí mismo, con quien fue hecha Mi alianza de vida y paz.

BIRCAT HAMAZÓN

הָרַחֲמָן haRajamán, הוּא Hu יְזַכֵּנוּ yezakenu לִימוֹת limot הַמָּשִׁיחַ hamashíaj וּלְחַיֵּי ulejayei הָעוֹלָם haolam הַבָּא habá.

(Shabat, Días Festivos y Rosh Jódesh: מִגְדּוֹל (migdol) sino: מַגְדִּיל (magdil))

יְשׁוּעוֹת yeshuot מַלְכּוֹ malcó וְעוֹשֶׂה veosé חֶסֶד jésed לִמְשִׁיחוֹ limshijó לְדָוִד leDavid וּלְזַרְעוֹ ulezaró עַד ad עוֹלָם olam: עֹשֶׂה osé שָׁלוֹם shalom בִּמְרוֹמָיו bimromav, הוּא Hu יַעֲשֶׂה yaasé שָׁלוֹם shalom, עָלֵינוּ aleinu וְעַל veal כָּל col יִשְׂרָאֵל Yisrael, וְאִמְרוּ veimrú אָמֵן Amén: יְראוּ yirú אֶת et יְהֹוָה Adonai קְדֹשָׁיו kedoshav, כִּי qui אֵין ein מַחְסוֹר majsor לִירֵאָיו lireav: כְּפִירִים quefirim רָשׁוּ rashú וְרָעֵבוּ veraevú וְדֹרְשֵׁי vedorshei יְהֹוָה Adonai לֹא lo יַחְסְרוּ yajserú כָל col טוֹב tov: הוֹדוּ hodu לַיהֹוָה laAdonai כִּי qui טוֹב tov, כִּי qui לְעוֹלָם leolam חַסְדּוֹ jasdó:

¡El Misericordioso! Que nos haga dignos de los días del Mesías y la vida del mundo por venir. Él que es unatorre de salvación para Su rey y hace bondades para Su ungido, David y sus descendientes para siempre. Él que crea la paz en Sus alturas que haga paz sobre nosotros y sobre todo Israel. Respondemos: ¡Amén! Temed al Señor, ustedes —sagrados— pues no hay privación para Sus reverentes. Los jóvenes leones pueden apetecer y estar hambrientos, pero aquellos que buscan al Señor no carecerán de ningún bien. Den las gracias al Señor pues Él es bueno. Su bondad dura por siempre.

הָרַחֲמָן, haRajamán, הוּא Hu יְזַכֵּנוּ yezakenu לִימוֹת limot הַמָּשִׁיחַ hamashíaj וּלְחַיֵּי ulejayei הָעוֹלָם haolam הַבָּא habá. מִגְדּוֹל migdol יְשׁוּעוֹת yeshuot מַלְכּוֹ malcó וְעֹשֶׂה veosé חֶסֶד jésed לִמְשִׁיחוֹ limshijó לְדָוִד leDavid וּלְזַרְעוֹ ulezaró עַד ad עוֹלָם: olam עֹשֶׂה osé שָׁלוֹם shalom בִּמְרוֹמָיו bimromav, הוּא Hu יַעֲשֶׂה yaasé שָׁלוֹם shalom, עָלֵינוּ aleinu וְעַל veal כָּל col יִשְׂרָאֵל Yisrael, וְאִמְרוּ veimrú אָמֵן Amén: יְראוּ yirú אֶת et יְהֹוָה Adonai, קְדֹשָׁיו kedoshav, כִּי qui אֵין ein מַחְסוֹר majsor לִירֵאָיו lireav: כְּפִירִים quefirim רָשׁוּ rashú וְרָעֵבוּ veraevú וְדֹרְשֵׁי vedorshei יְהֹוָה Adonai לֹא lo יַחְסְרוּ yajserú כָל col טוֹב tov: הוֹדוּ hodu לַיהֹוָה laAdonai כִּי qui טוֹב tov, כִּי qui לְעוֹלָם leolam חַסְדּוֹ jasdó:

¡El Misericordioso! Que nos haga dignos de los días del Mesías y la vida del mundo por venir. Él que es una torre de salvación para Su rey y hace bondades para Su ungido, David y sus descendientes para siempre. Él que crea la paz en Sus alturas que haga paz sobre nosotros y sobre todo Israel. Respondemos: ¡Amén! Temed al Señor, ustedes —sagrados— pues no hay privación para Sus reverentes. Los jóvenes leones pueden apetecer y estar hambrientos, pero aquellos que buscan al Señor no carecerán de ningún bien. Den las gracias al Señor pues Él es bueno. Su bondad dura por siempre.

POTÉAJ ET YADEJA (ver meditaciones en las páginas 110-111)

פּוֹתֵחַ potéaj אֶת et יָדֶךָ yadeja

פָּאי סָאל וֹתֵך דִיקָרְנוֹסָא
אָמֵן יָאהְדוֹנָהִי יְוֹזֶהְתוֹכָה

וּמַשְׂבִּיעַ umasbía לְכָל־ lejol וְחַי vejai רָצוֹן ratsón ר״ת רוז״ל:

בָּרוּךְ Baruj הַגֶּבֶר haguéver אֲשֶׁר asher יִבְטַח yivtaj
בַּיהֹוָ֖האדניאהדונהי baAdonai וְהָיָה vehayá יְהֹוָ֖האדניאהדונהי Adonai
מִבְטַחוֹ mivtajó: נַעַר náar הָיִיתִי hayiti גַּם gam זָקַנְתִּי zakanti וְלֹא veló
רָאִיתִי raíti צַדִּיק tsadik נֶעֱזָב neezav וְזַרְעוֹ vezaró מְבַקֶּשׁ mevakesh
לָחֶם lájem: יְהֹוָ֖האדניאהדונהי Adonai עֹז oz לְעַמּוֹ leamó יִתֵּן yitén
יְהֹוָ֖האדניאהדונהי Adonai יְבָרֵךְ yevarej אֶת et עַמּוֹ amó בַשָּׁלוֹם bashalom:

Tú abres Tu mano y satisfaces el deseo de cada ser viviente. Bendito es el hombre que confía en el Señor, entonces el Señor será su seguridad. Fui un joven y también he envejecido, y no he visto un hombre justo abandonado, ni a sus hijos mendigando pan. El Señor dará poder a Su pueblo; el Señor bendecirá a Su pueblo con paz.

ÚLTIMA BENDICIÓN – MEÉN SHALOSH

La comida oculta y revela distintas chispas de Luz necesarias para nuestro trabajo espiritual diario. Al recitar una bendición antes y después de comer, activamos y elevamos estas chispas. Igual que recitamos bendiciones específicas para los distintos alimentos antes de comer, también hay diferentes bendiciones que se recitan después de haber comido. La siguiente bendición se recita después de comer alimentos que han sido producidos a partir de las siete especies de la Tierra de Israel (alimentos que contienen trigo, cebada, centeno, avena o espelta, uvas, vino o zumo de uva, higos, granadas, dátiles y olivas). La "Tierra de Israel" es un nombre codificado para la fuente y el origen de la energía en nuestro mundo. Recitar esta bendición nos ayuda a reconectar con la fuente.

Adonai יְ‌הֹוָ‌ה‎(אדני/איאהדונהי) Atá אַתָּה Baruj בָּרוּךְ

al עַל, haolam הָעוֹלָם Mélej מֶלֶךְ Eloheinu אֱלֹהֵינוּ

Para alimentos procedentes de los cinco granos: (Trigo, cebada, centeno, avena y espelta)

hacalcalá הַכַּלְכָּלָה veal וְעַל hamijyá הַמִּחְיָה

Para el vino / zumo de uva:

haguéfen הַגֶּפֶן pri פְּרִי veal וְעַל haguéfen הַגֶּפֶן

Para los cinco frutos del árbol:
(Uva, higos, granadas, dátiles, olivas)

haets הָעֵץ pri פְּרִי veal וְעַל haets הָעֵץ

Para el vino / zumo de uva y alimentos procedentes de los cinco granos:

hacalcalá הַכַּלְכָּלָה veal וְעַל hamijyá הַמִּחְיָה
veal וְעַל haguéfen הַגֶּפֶן pri פְּרִי veal וְעַל haguéfen הַגֶּפֶן

Bendito seas, Señor nuestro Dios, Rey del Universo
Para alimentos procedentes de los cinco granos: *por la comida y por el sustento.*
Para el vino o zumo de uva: *por el vino y por el fruto de la vid.*
Para los cinco frutos: *por los árboles y por el fruto de los árboles.*
Para el vino y la bollería: *por la comida y por el sustento y por el vino y por el fruto de la vid*

ÚLTIMA BENDICIÓN – MEÉN SHALOSH

וְעַל veal תְּנוּבַת tenuvat הַשָּׂדֶה hasadé וְעַל veal אֶרֶץ érets
וְחֶמְדָּה jemdá טוֹבָה tová וּרְחָבָה urejavá
שֶׁרָצִיתָ sheratsita וְהִנְחַלְתָּ vehinjalta לַאֲבוֹתֵינוּ laavoteinu
לֶאֱכֹל leejol מִפִּרְיָהּ mipiryá וְלִשְׂבּוֹעַ velisboa מִטּוּבָהּ mituvá◆

רַחֵם rajem יְ‑הֹ‑וָ‑ה (אֲדֹנָי) Adonai אֱלֹהֵינוּ Eloheinu עָלֵינוּ aleinu
וְעַל veal יִשְׂרָאֵל Yisrael עַמֶּךָ amaj וְעַל veal יְרוּשָׁלַיִם Yerushaláyim
עִירָךְ iraj וְעַל veal הַר har צִיּוֹן Tsiyón מִשְׁכַּן mishcán כְּבוֹדָךְ quevodaj◆
וְעַל veal מִזְבְּחָךְ mizbajaj◆ וְעַל veal הֵיכָלָךְ heijalaj◆
וּבְנֵה uvné יְרוּשָׁלַיִם Yerushaláyim עִיר ir הַקֹּדֶשׁ hakódesh
בִּמְהֵרָה bimherá בְיָמֵינוּ veyameinu◆ וְהַעֲלֵנוּ vehaalenu לְתוֹכָהּ letojá◆
וְשַׂמְּחֵנוּ vesamjenu בְּבִנְיָנָהּ bevinyaná◆ וּנְבָרֶכְךָ unevarjaj
עָלֶיהָ aleha בִּקְדוּשָׁה bikdushá וּבְטָהֳרָה uvetahará◆

Y por la cosecha del campo y por la Tierra buena, fértil y grande, que Tú has dado a nuestros padres como herencia para comer de su cosecha y ser saciado con su bondad. Sé misericordioso Señor, nuestro Dios en Israel, con tu pueblo y con Jerusalén tu ciudad y con el monte Sión, el lugar de Tu gloria, y con el Altar y con tu Templo. Y reconstruye Jerusalén la Ciudad Sagrada rápidamente en nuestros días y llévanos allí y alégranos con su reconstrucción y nosotros Te bendeciremos por ello en santidad y pureza.

Para Shabat:

♦hazé הַזֶּה haShabat הַשַּׁבָּת beyom בְּיוֹם vehajalitsenu וְהַחֲלִיצֵנוּ urtsé וּרְצֵה

Para Rosh Jódesh:

♦hazé הַזֶּה haJódesh הַחֹדֶשׁ Rosh רֹאשׁ beyom בְּיוֹם letová לְטוֹבָה vezojrenu וְזָכְרֵנוּ

Para Rosh Hashaná:

♦hazé הַזֶּה haZicarón הַזִּכָּרוֹן beyom בְּיוֹם letova לְטוֹבָה vezojrenu וְזָכְרֵנוּ

Para Pésaj:

♦hazé הַזֶּה haMatsot הַמַּצּוֹת Jag וְחַג beyom בְּיוֹם vesamjenu וְשַׂמְּחֵנוּ

♦hazé הַזֶּה kódesh קֹדֶשׁ mikrá מִקְרָא (tov טוֹב *en festividad agregar*) beyom בְּיוֹם

Para Shavuot:

♦hazé הַזֶּה haShavout הַשָּׁבוּעוֹת Jag וְחַג beyom בְּיוֹם vesamjenu וְשַׂמְּחֵנוּ

♦hazé הַזֶּה kódesh קֹדֶשׁ mikrá מִקְרָא tov טוֹב beyom בְּיוֹם

Para Sucot:

♦hazé הַזֶּה haSucot הַסֻּכּוֹת Jag וְחַג beyom בְּיוֹם vesamjenu וְשַׂמְּחֵנוּ

♦hazé הַזֶּה kódesh קֹדֶשׁ mikrá מִקְרָא (tov טוֹב *en festividad agregar*) beyom בְּיוֹם

Para Simjat Torá:

♦hazé הַזֶּה Atséret עֲצֶרֶת Jag וְחַג Shemini שְׁמִינִי beyom בְּיוֹם vesamjenu וְשַׂמְּחֵנוּ

♦hazé הַזֶּה kódesh קֹדֶשׁ mikrá מִקְרָא tov טוֹב beyom בְּיוֹם

En Shabat: *y acéptanos favorablemente y consuélanos en este día de Shabat.*
En Rosh Jódesh: *y recuérdanos en este día de la luna nueva.*
En Rosh Hashaná: *y recuérdanos en este día de Conmemoración.*
En Pésaj: *y tráenos alegría en este festival de Matsot, en este día de santa convocación.*
En Shavuot: *y tráenos alegría en este festival de Shavuot, en este día de santa convocación.*
En Sucot: *y tráenos alegría en este festival de Sucot, en este día de santa convocación.*
En Sheminí Atséret: *y tráenos alegría en este festival de Sheminí Atséret, en este día de santa convocación.*

כִּי qui אַתָּה Atá טוֹב tov וּמֵטִיב umetiv לַכֹּל lacol · וְנוֹדֶה venodé לְךָ lejá
יְהֹוָה Adonai אֱלֹהֵינוּ Eloheinu עַל al הָאָרֶץ haárets וְעַל veal

Para alimentos de los cinco granos: הַמִּחְיָה hamijyá וְעַל veal הַכַּלְכָּלָה hacalcalá

Para el vino / zumo de uva: פְּרִי pri הַגֶּפֶן haguéfen

Para los cinco frutos del árbol: פְּרִי pri הָעֵץ haets

בָּרוּךְ Baruj אַתָּה Atá יְהֹוָה Adonai עַל al הָאָרֶץ haárets וְעַל veal

Para alimentos de los cinco granos: הַמִּחְיָה hamijyá וְעַל veal הַכַּלְכָּלָה hacalcalá

_{Si la comida es de Israel, decir esto en su lugar:} מִחְיָתָהּ mijyatá וְעַל veal כַּלְכָּלָתָהּ calcalatá

Para el vino / zumo de uva: פְּרִי pri הַגֶּפֶן haguéfen

_{Si el vino es de Israel, decir esto en su lugar:} פְּרִי pri גַּפְנָהּ gafná

Para los cinco frutos del árbol: הַפֵּרוֹת haperot

_{Si la fruta es de Israel, decir esto en su lugar:} פֵּרוֹתֶיהָ peroteha

Pues Tú Señor eres bueno y haces el bien para todos, y nosotros Te bendecimos por la tierra y
  Para alimentos procedentes de los cinco granos: *por la comida y por el sustento.*
  Para el vino o zumo de uva: *por el fruto de la vid.*
  Para los cinco frutos: *por el fruto de los árboles.*

Bendito seas, Señor, por la tierra y
Para alimentos procedentes de los cinco granos: *por la comida y por el sustento.*
Para el vino o zumo de uva: *por la vid y por el fruto de la vid.*
Para los cinco frutos: *por los árboles y por el fruto de los árboles.*

ÚLTIMA BENDICIÓN – BORÉ NEFASHOT

Esta bendición se recita para cualquier otra comida.

בָּרוּךְ Baruj אַתָּה Atá יְהֹוָה Adonai אֱלֹהֵינוּ Eloheinu מֶלֶךְ Mélej הָעוֹלָם haolam בּוֹרֵא boré נְפָשׁוֹת nefashot רַבּוֹת rabot וְחֶסְרוֹנָן vejesronán, עַל al כָּל col מַה ma שֶׁבָּרָאתָ shebarata לְהַחֲיוֹת lehajayot בָּהֶם bahem נֶפֶשׁ néfesh כָּל col חַי jai, בָּרוּךְ Baruj חֵי jai הָעוֹלָמִים haolamim:

Bendito seas, Señor nuestro Dios, Rey del universo,
Quien creó muchos seres vivientes y todo para satisfacer sus necesidades; por todo lo que Tú has creado para mantener toda la vida. Bendito sea Aquel Quien es la vida de los mundos.

Viajar – *Álef Lamed Dalet*

EXPLICACIÓN

Este nombre es para obtener protección. Viajar crea una abertura para que la energía negativa entre en nosotros.

MEDITACIÓN

Escanea esta sección del *Zóhar, Lej Lejá,* antes de salir de casa si vas a hacer un viaje en avión, en auto, etc. Imagina que estás creando un escudo de energía positiva que te envuelve, protegiéndote de cualquier negatividad.

וְזִמְנֵי jamei מַה ma כְּתִיב quetiv וַיַּעֲבֹר vayaavor אַבְרָם Avram בָּאָרֶץ baáretz.
וַיַּעֲבֹר vayaavor, וַיֵּלֶךְ veyelej מִבָּעֵי mibaei לֵיהּ lei, אֶלָּא ela, הָכָא hajá הוּא hu
רֶמֶז rémez שְׁמָא shemá קַדִּישָׁא kadishá, דְּאִתְוָותִים deitjatim בֵּיהּ bei
עָלְמָא almá בְּעַ״ב beAyin Bet אַתְוָון atván גְּלִיפָן guelifán דְּכֻלְּהוּ dejolhó
בִּשְׁמָא bishmá דָּא da. כְּתִיב quetiv הָכָא hajá וַיַּעֲבֹר vayaavor, וּכְתִיב ujtiv
הָתָם hatam וַיַּעֲבֹר vayaavor ה׳ haShem עַל al פָּנָיו panav וַיִּקְרָא vayikrá.

66. Mira, está escrito: *"Y Avram pasó a través de la tierra"*. ÉL PREGUNTA ¿POR QUÉ EL VERSO DICE: *"Pasó a través (Heb. Vayaavor)"* en lugar de 'fue'? Esta es una alusión al Santo Nombre –por el cual está sellado el mundo– que contiene 72 letras grabadas, todas ellas contenidas en ese nombre. VAYAAVOR (VAV-YUD-AYIN-BET-RESH) CONSISTE EN DOS PARTES: RESH-YUD-VAV (NUMÉRICAMENTE = 216) Y AYIN-BET (=72), QUE SE REFIEREN A LAS 216 LETRAS Y 72 NOMBRES. Por lo tanto, en un lugar está escrito: *"Y... pasó a través"*, mientras que en otro lugar está escrito: *"Y el Creador pasó por (Heb. Vayaavor) delante de él y proclamó..."* (Shemot 34:6); AL IGUAL QUE ALLÍ SE ESTÁ HABLANDO DEL NOMBRE SAGRADO DE AYIN-BET, AQUÍ TAMBIÉN VAYAAVOR ES UNA REFERENCIA AL NOMBRE SAGRADO DE AYIN-BET (72).

Dirección de Escaneo ←

Los 72 Nombres de Dios

Los 72 Nombres de Dios no son "nombres" en el sentido ordinario de la palabra. Son muy distintos a la firma en una carta o en el reverso de una tarjeta de crédito. En lugar de ello, son canales de la corriente espiritual infinita que fluye a través del mundo.

Al conectarnos a estas fuentes de poder espiritual, obtenemos protección frente a todas y cada una de las formas de negatividad y peligro. Eliminamos los bloqueos que nos separan de la dicha y la realización. Abrimos senderos hacia la transformación, para nosotros mismos y para el mundo entero.

8	7	6	5	4	3	2	1	
כהת	אכא	ללה	מהש	עלם	סיט	ילי	והו	A
הקם	הרי	מבה	יזל	ההע	לאו	אלד	הזי	B
וזהו	מלה	ייי	נלך	פהל	לוו	כלי	לאו	C
ועור	לכב	אום	ריי	שאה	ירת	האא	נתה	D
ייז	רהע	וזעם	אני	מנד	כוק	להו	יזו	E
מיה	עשל	ערי	סאל	ילה	וול	ביך	ההה	F
פוי	מבה	נית	גנא	עמם	הוש	דני	והו	G
מוזי	ענו	יהה	ומב	מצר	הרוז	ייל	נמם	H
מום	היי	יבמ	ראה	וזבו	איע	מנק	דמב	I

Información de Contacto de Centros y Grupos de Estudio

También se dictan clases en español en los siguientes Centros de Kabbalah en los Estados Unidos: Nueva York, Miami y Los Ángeles. Para más información contacta al 1-800-KABBALAH.

ARGENTINA:

Buenos Aires
Echeverría 2758, Belgrano
Teléfono: +54 11 4771-1432 /
+549 11 4409 3120
kcargentina@kabbalah.ar
Instagram: kabbalaharg

ESPAÑA:

Madrid
Calle Martínez Izquierdo, 16-18, local 1C
Teléfono: +34 683 580 163
spain@kabbalah.com
Instagram: kcespana
Facebook: KabbalahCentreSpain

Barcelona
Teléfono: +34 683 580 163
miriam.agullo.vol@kabbalah.com
Instagram: kcespana
Facebook: KabbalahCentreSpain

COLOMBIA:

Bogotá
Calle 93B # 11ª-84 Centro de Diseño Portobello
Parque de la 93
Cel: 3243135502 ó 3232903166
kccolombia@kabbalah.com
Instagram: kabbalahcolombia

Cali
Cra. 102 # 13ª-61 Local 3
Ciudad Jardín
Cel: 3243135502 ó 3178436947
kccolombia@kabbalah.com
Instagram: kabbalahcolombia

Medellin
Calle 5 # 45-32
Patio Bonito
Cel: 3243135502 ó 3136241792
kccolombia@kabbalah.com
Instagram: kabbalahcolombia

MÉXICO:

Estado de México
Centro de Kabbalah Tecamachalco Av. de las Fuentes 218,
Lomas de Tecamachalco
Teléfono: +52 55 5280 0511
apoyo@kabbalah.com
Instagram: kabbalahmx

Ciudad de Mexico
Centro de Kabbalah Altavista Puerta Altavista
Av. Desierto de los Leones 24, San Ángel
Teléfono: +52 55 5280 0511
apoyo@kabbalah.com
Instagram: kabbalahmx

Mérida, Yucatán
Av. Andrés García Lavín 350, Local 12,
Plaza Victory Platz Montebello
Teléfono: +52 999 5183720
WhatsApp +52 999 2185176
merida@kabbalah.com
Instagram: kabbalahmx

PANAMÁ:

Ciudad de Panamá
The towers business plaza, local 2, Calle 50.
Teléfono: +507 694 93974
administracion.panama@kabbalah.com
Instagram: kabbalahpanama
kcpanama@kabbalah.com
Instagram: kabbalahpanama

PARAGUAY:

Asunción
Charles de Gaulle 1892 y Quesada;
Edificio San Bernardo, primer piso.
Teléfono:+595 976 420072
kcparaguay@gmail.com
Instagram: kabbalahpy

VENEZUELA:

Caracas
Av. 10, Quinta 10;
Urb. Altamira, Edo. Miranda.
Teléfono: +58 414 205 7205
caracastkc@kabbalah.com
Instagram: kabbalahve

Maracay
Centro comercial las Américas Local P.B.
16 – Las Delicias, Edo. Aragua
Teléfono: +58 414 205 7205
caracastkc@kabbalah.com
Instagram: kabbalahve

CENTROS EN EUA:

Boca Ratón, FL +1 561 488 8826
Miami, FL +1 305 692 9223
Los Ángeles, CA +1 310 657 5404
Nueva York, NY +1 212 644 0025

CENTROS INTERNACIONALES:

Londres, Inglaterra +44 207 499 4974
Berlin, Alemania +49 30 78713580
Toronto, Canadá +1 416 631 9395
Tel Aviv, Israel +972 3 5266 800